예수님을
바라보라

로이 헷숀 지음 / 김 영 욱 옮김

기독교문서선교회

기독교문서선교회(Christian Literature Crusade: 약칭 **CLC**)는
1941년 영국 콜체스터에서 켄 아담스에 의해 시작되었으며
국제 본부는 영국의 쉐필드에 있습니다.
국제 CLC는 59개 나라에서 180개의 본부를 두고, 약 650여 명의
선교사들이 이동도서차량 40대를 이용하여 문서 보급에 힘쓰고 있으며
이메일 주문을 통해 130여 국으로 책을 공급하고 있습니다.
한국 CLC는 청교도적 복음주의 신학과 신앙서적을 출판하는
문서선교기관으로서, 한 영혼이라도 구원되길 소망하면서
주님이 오시는 그날까지 최선을 다할 것입니다.

We Would See Jesus

by
Roy Hession

translated by
Yong Wook Kim

Copyright © 1958 by Roy Hession Book Trust, UK
Originally published in English under the title as
We Would See Jesus
by Roy Hession
Translated and used by the permission of
The Roy Hession Book Trust, 3 Florence Road
BROMLEY, Kent BR1 3NU, England

All rights reserved

Korean Edition
Copyright © 2011 by Christian Literature Crusade
Seoul, Korea

저자 서문

이 책은 주 예수 그리스도의 모습을 그대로 보여주는 책입니다. 『예수님을 바라보라: 갈보리 언덕 II』는 하나님의 은혜로 세계 각처에서 읽혀진 『갈보리 언덕 I』의 후속편으로 1950년에 처음 출간되었습니다. 이 책이 다른 사람들이 포기한 신앙의 부분을 이끌어가길 바랍니다.

『갈보리 언덕 I』은 자아의 깨어짐, 은혜 충만, 성도 간의 교제 등과 같은 그리스도인의 삶과 부흥의 다양한 측면을 살펴보는 데 도움을 주었습니다. 따라서 『예수님을 바라보라: 갈보리 언덕 II』에서는 오직 예수님을 바라보는 것에 대해서 배워보도록 하겠습니다.

예수님을 바라보는 것은 우리를 죄로부터 돌아서게 하며 우리 마음속에 자리 잡고 있던 자아를 깨뜨리고 정결하게 합니다. 그리고 성령으로 충만하게 하며 죄의 멍에로부터 자유롭게 하여 우리를 부흥의 불길로 인도합니다. 그리스도인의 모든 경험은 오직 예수님을 바라볼 때에 이루어집니다. 예수님은 사람들이 늘 찾아 헤매는 복의 근원이시며, 그 축복으로 인도하시는 가장 쉬운 길이십니다. '행위'를 강조한 신앙생활은 결국 우리를 멍에 속에 가둡니다. 그러나 주 예수님은 우리에게서 모든 멍에와 굴레로부터 자유롭게 하십니다. 그리고 새로운 생명과 자유를 주시고 기쁨으로 예수님을 섬기게 하십니다. 이 모든 것은 성령께서 주신 믿음의 눈을 통해서만 가능합니다.

> 예수님을 바라보라.
> 이것이 우리가 바라는 모든 것이니
> 강함과 기쁨과 자원하는 마음이 그와 함께 나타나네.
> 우리를 위해 죽으시고 부활하시고
> 변론하시는 예수님을 바라보라.
> 이제는 기쁜 날만 찾아오고
> 죽음의 밤과는 영원한 이별뿐이네.

이 책이 가리키는 방향과 줄거리는 예수님 그분이십니다. 물론 이 주제를 완벽하게 다루고 있다고 말할 수는 없습니다. 그리고 독자는 이 책이 미처 다루지 못한 많은 부분을 찾아낼 것입니다. 그러나 우리의 눈이 예수님을 향하고 계속해서 그분을 바라보는 것만으로도 우리는 충분합니다. 예수님을 바라볼 때 우리는 우리가 반드시 보아야 할 모든 것을 놓치지 않고 보게 될 것입니다. 그리고 언제까지나 우리의 중심이 되시는 그분과의 올바른 관계 속에 있게 될 것입니다.

앞으로 특별한 의미로 사용되는 두 개의 단어가 계속해서 등장할 것입니다. 각 장마다 등장하는 두 단어의 의미를 설명하기 위해서 중간에 흐름을 끊는 것은 옳지 않아 보입니다. 그래서 미리 이 두 단어의 의미를 설명하고자 합니다.

첫 번째 단어는 **은혜**입니다. 종종 사람들은 이 단어를 특별한 경우에 하나님으로부터 받는 축복이라고 말합니다. 우리는 그 단어를 엄격하게 신약적인 의미로 사용하려고 합니다. 신약성경에서 **은혜**는 하나님께서 우리를 대하시는 모든 방법과 구원을 가리키는 위대한 단어입니다. 성경은 다음과 같이 말합니다. "은혜로 말미암아 너희들은 믿음을 통해 구원을 얻었다." 이 말씀의 뜻을 마음과 경험을 통하여 바로 깨닫는 것보다 더 중요한 것은 없습니다. 은혜를 잃는 것은 모든 것을 잃는 것입니다.

신약성경은 은혜를 하나님께로부터 받는 축복이나 우리가 받는 능력으로 기록하지 않습니다. 오히려 사람을 다스리시는 하나님의 속성을 나타내며 자격 없는 자에게 주어지는 하나님의 사랑과 자비를 가리킵니다. 로마서 11:6은 "만일 은혜로 된 것이면 행위로 말미암지 않음이니 그렇지 않으면 은혜가 은혜되지 못하느니라"고 말합니다. 은혜라는 단어는 받을만한 자격이 없는 자에게 주어진다는 의미를 갖고 있습니다. 자기 자신을 하나님께서 더욱 받으실 만한 자로 만들기 위하여 무언가를 행하는 순간 그리고 하나님의 축복을 받기 위해 무언가 노력하는 순간 은혜는 더 이상 은혜가 아닙니다.

은혜는 자신을 다 비운 죄인이 축복을 받기 위해서 하나님 앞으로 나아갈 때에 허락됩니다. 사실은 그렇게 나아올 것을 하나님께서 명령하십니다. 의로운 마음과 착한 성품과 만족스러운 성과를 가지지 못한 채 자신을 내세우는 것이 아니라, 우리의 깊은 필요를 가지고 나아가는 것입니다. 우리에게 예수님의 필요함을 충분하고도 솔직하게 인정하면서 말입니다. 그러면 은혜는 그 자체의 성격상, 우리의 필요를 채우기 위해 흘러나옵니다. 마치 물이 중력에 의해 빈 곳으로 흘러들어가 채워지는 것처럼 말입니다.

따라서 죄인인 우리가 우리의 죄성을 인정하고, 우리 안에 아무런 공로가 없으며 은혜 받을 만한 자격이 없다는 사실을 인정할 때 은혜가 옵니다. 그때에 아무것도 가진 것 없이 하나님을 바라보는 불쌍한 죄인들을 위해서 하나님은 무한한 사랑을 베푸십니다. 만약 우리의 행위에 따라 하나님께로부터 받는 것이 결정된다면, 우리가 받는 축복의 물줄기는 멈추고 말 것입니다.

그러나 우리의 행위가 아닌 하나님의 은혜로 말미암아 우리가 축복을 받는다면, 그 축복은 **풍성함** 그 자체입니다. 이것이 신약 성경에서 말하는 은혜입니다. 이 사실을 믿고 기쁨으로 삶의 마지막까지 자신을 비우는 죄인이고자 하는 일에는 많은 어려움이 따르게 됩니다. 하지만 이 어려움 또한 우리에게 부어지는 은혜의 연속입니다.

> 우리가 감추어 놓았던 것을
> 다 쓰고서야
> 아버지의 풍성한 선물이 오네.
> 그분의 사랑은 끝이 없고
> 그분의 은혜는 측량할 수 없으며
> 그분의 능력은 사람에게 그 한계가 알려진 적이 없다네.
> 예수 안의 무한한 부요함으로
> 그분은 주고 또 주시네.

이것이 은혜입니다. 바로 이 분이 하나님이십니다. 이 얼마나 대단한 소망입니까!

두 번째 단어는 **부흥**입니다. 이 말은 흔히 성령님의 크고 작은 역사를 통해서 많은 사람이 구원을 받고, 교회가 세워지는 것을 가리킵니다. 이런 의미에서 부흥이라는 단어를 사용하는 것은 틀리지 않습니다. 그러나 우리는 또한 이 단어를 하나님께서 신자의 삶에 관여하시는 모습으로도 사용해야 합니다. 부흥은 자신을 다스리시고 이끄시는 분인 하나님을 신뢰하고 겸손한 마음으로 고개를 숙이는 것입니다. 그리고 오직 우리에게 필요한 분은 주 예수님이시며, 그리스도인의 삶에서 나타나는 모든 것이 하나님의 신자를 향한 역사하심 가운데 일어난다는 사실을 인정하는 것입니다. 따라서 성령님의 역사는 가장 눈부신 부흥 운동의 중심에 자리 잡고 있습니다.

결국 부흥이란 하나님의 자녀들의 부흥하는 삶을 전달하여 그 수가 증가하는 것이 아니고 무엇이겠습니까? 그리고 하나님께서 이 목적을 이루시기 위해 부흥된 사람들의 빛나는 간증 이외에 무엇을 사용하시겠습니까?

답은 간단합니다. 바로 우리의 첫 번째 의무는 자신이 먼저 부흥하고, 그 부흥의 증거를 주변 사람들에게 전하는 것입니다. 그렇게 할 때 하나님께서는 우리를 바르게 세우시고, 그가 기뻐하시는 성령의 유기적인 구원의 역사 속으로 우리를 인도하실 것입니다.

오래 전에 그리스인들이 빌립에게 "선생이여, 우리가 예수를 뵈옵고자 하나이다"(요 12:21)라고 말한 것의 풍성한 성취를 모든 독자에게도 하나님께서 내려주시기를 기도합니다.

로이 & 레벨 헷손

We Would See Jesus

예수님을
바라보라

Roy Hession

목차

저자 서문(로이 & 레벨 헷숀) • 5

1장 오직 하나님이 삶의 목적이시다 • 15
2장 예수님을 통해 하나님을 바라보라 • 35
3장 우리의 모든 필요이신 예수님을 바라보라 • 49
4장 진리이신 예수님을 바라보라 • 63
5장 문이신 예수님을 바라보라 • 85
6장 시내산이냐 갈보리 언덕이냐 • 107
7장 길이신 예수님을 바라보라 • 127
8장 목표이신 예수님을 바라보라 • 151
9장 다른 사람들을 위해서 예수님을 바라보라 • 175

We Would See Jesus

예수님을
바라보라

Roy Hession

오직 하나님이 삶의 목적이시다

나의 목표는 하나님 그분뿐이시니
기쁨도 평화도 축복도 나의 목표가 될 수 없네.
오직 나의 하나님 그분뿐이시네.

우리 삶의 목적은 무엇인가? 대부분 우리는 이 질문의 해답을 찾기 위해 오랫동안 헤맵니다. 만족할 수 없어 보이는 내적인 충동과 갈망과 욕망에 의하여 움직이며 낯선 방향으로 이끌려가는 자신을 발견합니다. 때때로 시기심을 가지고 다른 사람을 바라보며 그들의 삶은 나의 삶보다 훨씬 풍성하고 만족스러울 것이라고 생각합니다. 그리고 내가 만약 다른 사람들이 가지고 있는 즐거움이나 영예를 얻는다면, 틀림없이 만족할 수 있으리라 생각합니다. 그러나 마침내 바라던 영예와 기쁨을 얻었을 때는 예전보다 더 행복하지 않은 자신을 발견하게 됩니다.

나이가 들수록 더 깊이 좌절감을 느끼며 스스로에게 이렇게 묻습니다. "나의 삶의 목적은 과연 무엇인가? 어떻게 내가 그 목적을 발견할 수 있는가? 어떻게 그것이 올바른 것이라고 확신할 수 있는가?" 이 질문은 하나님에 대한 아무런 지식이 없는 사람뿐만 아니라, 신앙고백을 한 그리스도인에게도 해당되는 질문입니다.

성경으로 돌아갈 때 우리는 이러한 고질적인 질문들의 명료하고도 간단한 해답을 찾을 수 있습니다. 성경은 인류에게 오직 한 가지의 목적이 있으며 성별, 연령, 국적, 사회적 지위에 관계없이 그 목적은 동일하다고 진술하고 있습니다.

> 네 하나님 여호와께서 네게 요구하시는 것이 무엇이냐 곧 네 하나님 여호와를 경외하여 그 모든 도를 행하고 그를 사랑하며 마음을 다하고 성품을 다하여 네 하나님 여호와를 섬기고(신 10:12).

> 사람아! 주께서 선한 것이 무엇임을 네게 보이셨나니 여호와께서

네게 구하시는 것이…겸손히 네 하나님과 함께 행하는 것이 아니냐(미 6:8).

네 마음을 다하고 목숨을 다하고 뜻을 다하고 힘을 다하여 주 너의 하나님을 사랑하라(막 12:30).

삶의 목적이 무엇인가? 성경이 이 질문에 대해 가르쳐주는 답은 하나님을 알고 사랑하며 그분과 함께 걷는 것입니다. 한마디로 말해서 하나님을 바라보는 것입니다. 옛적의 사람들은 **삶의 목적을 하나님을 바라보는 것**이라고 말했습니다.

17세기 신학자들은 웨스트민스터 신앙고백서에서 "사람의 제일되는 목적이 무엇인가"라는 질문에 "사람의 제일된 목적은 하나님을 영화롭게 하고 영원토록 그를 즐거워하는 것이다"라고 답했습니다. 그러나 오늘날에는 하나님을 바라보는 것의 필요성에 대해 말하는 것을 듣기가 쉽지 않습니다. 과거 역사 속으로 돌아가 보면 오늘날 복음을 전파하고 복음의 삶을 사는데 있어서 하나님을 바라보는 것에 대한 강조가 크게 결여되어 있음을 알 수 있습니다.

예전에는 심지어 영적인 암흑의 시대에서도 언제나 하나님을 만나려는 강한 열망에 사로잡힌 사람들이 있었음을 발견합니다. 그들의 유일한 목표는 하나님을 아는 것이었습니다. 그들은 자신의 목마른 심정을 오직 하나님만이 해결해 주실 수 있다는 것을 알았습니다. 하나님을 알고자 탐구한 기록들을 읽어보면 우리는 기묘한 길을 따라 여행하고 있는 자신을 발견할 수 있습니다. 그들이 광야나 동굴에서 지내거나 혹은 왕궁에서 쫓겨나는 장면을 봅니다. "거룩함을 좇으라 이것이 없이는 아무도 주를 보지 못하리라"(히 12:14)는 말씀처럼 거룩을 향한 열망 때문에 세상의 모든 보화를 벗어버리고 힘든 고행으로 육체를 다스렸습니다. 그들은 때로는 광적으로 때로는 병적으로 자기성찰에 집착했습니다. 그들 중의 다수는 불쌍하게도 합리주의와 금욕주의 굴레에 갇히고 잘못 인도된 영혼들이었음을 돌아봅니다. 그러나 항상 기억해야 할 것은 이와 같은 일들이 하나님을 따르려는 열망과 탐구 속에서 이루어졌으며, 그들이 강조했던 것은 하나님을 바라보기 위한 인격적인 거룩함이었다는 사실입니다.

오늘날에는 상황이 매우 다릅니다. 우리는 훨씬 더 밝은 빛을 성경과 복음의 메시지 속에서 보유하고 이전 시대의 탐구자들을 경멸함으로 돌아봅니다. 그러나 보다 밝은 빛이 비추어진 상황이 하나님을 보려는 간절한 열망을 증가시키지 못한다는 것 또한 엄격한 사실입니다. 오히려 퇴보하는 결과를 가져왔습니다. 분명히 하나님을 향한 깊은 굶주림이 결핍되었고 그리스도인으로서 삶의 목표가 하나님이라는 높이로부터 낮아졌음이 분명합니다.

오늘날 두 가지 강조점이 눈에 띕니다. 먼저 오늘날에는 하나님을 바라보기 위한 '**거룩함**'을 강조하는 대신에 하나님을 위한 '**봉사**'를 강조하려는 경향이 있습니다. 그리스도인의 삶은 할 수 있는 한 효율적이고 완전하게 하나님께 봉사하는 것이라고 생각하기에 이르렀습니다. 여기에 기술과 방법이 주요 사안으로 등장했습니다. 우리는 이것이 하나님의 메시지를 밝혀 주리라 희망하고 있습니다. 봉사를 잘 수행하기 위해 우리에게 능력이 필요해졌습니다. 하나님을 향한 갈망은 그분을 보다 효과적으로 섬기기 위한 능력을 소유하고픈 열망으로 변했습니다. 우리 사고의 중심은 수많은 봉사가 차지하여서 하나님 안에서의 인간의 의로움을 성공의 여부와 그리스도인으로서의 활동의 여부에 따라 판단합니다.

또한 오늘날에는 내면적이고 영적인 경험을 추구하는 것을 강조하는 경향이 있습니다. 너무나 많은 그리스도인들이 극히 낮은 수준의 신앙생활에 만족하고 있습니다. 반면에 그리스도인의 삶이 무엇인가를 고민하는 것이 바람직합니다. 사실 그렇게 해야 합니다.

그러나 그 일들이 하나님을 향한 굶주림으로부터 나온 것이 아니라 내적인 행복, 기쁨, 능력과 같은 경험을 찾으려는 열망에서 비롯되어 하나님을 찾기보다는 **그것**을 찾고자 하는 자신을 빈번히 마주하게 됩니다. 이러한 의도는 하나님이 인간을 위해 계획하신 위대한 목적과 완전히 다릅니다. 하나님을 영화롭게 하지도 그분을 영원토록 즐거워하지도 못하는 것입니다. 하나님의 마음을 만족케 하는 일에도 실패하고 우리들의 마음을 만족케 하지도 못합니다.

왜 하나님을 바라보는 것이 삶의 주된 목표이어야 하며 왜 우리에게 이것을 요구하시는지 이해하기 위해서 역사의 동이 트는 순간으로 관심을 돌려봅시다. 인간의 이야기는 스스로 완전하시고 어떠한 필요도 갖지 않으시는 하나님께서 자신의 고유한 창조 행위로 지으신 피조물 없이는 불완전하시기로 기쁘게 작정하신 (나의 생각에 그러하게 보인다) 순간부터 시작되었습니다.

> 주께서 만물을 지으신지라 만물이 주의 뜻대로 있었고 또 지으심을 받았나이다(계 4:11).

하나님의 기쁨을 위하는 것이 한 사람 아담이 존재하는 목적이었습니다. 사람이 하나의 존재로 지어진 목적은 이 이상 아무것도 아니었습니다. 그는 하나님의 기쁨이 되고 그분의 사랑의 대상이 되도록 작정되었습니다. 완전히 하나님의 기쁨을 위해 창조되었다는 사실이 사람 측에서 볼 때, 하나님과 사람의 원래 관계가 온전히 하나님 중심적이었습니다. 사람이 관심을 가져야 하는 유일한 문제는 하나님의 거룩한 사랑에 응답하는 것, 다시 말해 하나님을 위해 살고 하나님의 뜻을 행하는 것이었습니다. 사람의 뜻과 바램을 창조자의 뜻과 바램에 계속해서 복종시키는 것이 사람의 기쁨이었습니다. 사람은 하나님을 떠나서는 아무것도 아닌 존재였습니다. 그러므로 그가 하나님께 계속 복종되어 살게 될 때 본성 속에 있는 모든 필요는 하나님에 의해 채워졌습니다.

C. S. 루이스(C. S. Lewis)는 창조시의 타락하지 않은 관계를 다음과 같이 묘사했습니다.

> 완전한 주기적 활동 속에서 존재와 능력과 기쁨이 은사의 모양으로 하나님으로부터 인간에게 내려왔다. 그리고 황홀한 찬양과 순종적 사랑이 하나님께 올라갔다.

실로 이때야말로 인류가 누릴 수 있는 정점이었습니다. 그때의 사람은 보이는 또한 보이지 않는 영역을 집으로 삼았습니다.

그때에 사람 안에 있는 영(靈)이라 일컫는 부분이 영이신 하나님과 상호 교통할 수 있었습니다.

하나님을 보며 그와 함께 살아 있는 관계를 가지는 것이 삶의 최고의 목표라는 것은 낯설고 부자연스러운 주장이 아닙니다. 그것은 우리가 창조되어진 바로 그 목적이며, 이 땅에서의 인간 존재를 위한 유일한 **존재 이유**(*raison d'être*)입니다.

우리가 하나님을 더욱더 가깝게 만나도록 하는 것이 주 예수 그리스도를 통하여 세상을 구원하시는 하나님의 유일한 목적입니다. 인간이 그의 삶을 위한 거룩한 목적을 잃어버렸으므로 구원할 필요가 생겼기 때문입니다. 하나님께 순종하고 그분을 사랑하는 관계는 오래 지속하지 않았습니다. 어느 날 죄가 동산 안으로 접근해 들어왔기 때문에 거룩한 공기 속에서 하나님과 산책하던 발길은 끝이 났습니다.

범죄의 단순한 활동을 암시한 사탄의 유혹 아래서 사람은 그의 피조물로서의 위치를 잊어버렸습니다. 사람은 창세기 3:5에 "하나님과 같이 되어"라고 기록된 것과 같이 "신들 중의 하나"인 양 있었으며 더 이상 하나님께 의존하는 상태로 있지 않기를 선택했습니다. 인간은 자신을 자신의 소유로 만들었고 이전에는 하나님을 즐겁게 해드렸던 공간인 세상의 중심에 자신을 올려놓았습니다.

이후로 인간은 교만해졌으며 깨어지지 않은 마음을 갖게 되었습니다. 더 이상 자발적으로 하나님께 순종하지 않고 하나님을 위하여 창조되었다는 사실을 인식하지 못했습니다. 뿐만 아니라 하나님 편에서 사람과의 사이에 두신 교제의 기초가 무너졌는데, 이는 온전한 거룩함 속에 거하시는 하나님께서 거룩하지 않은 인간과 교제할 수 없게 된 것을 의미했습니다. 빛과 어두움 사이에 교제란 있을 수 없습니다. 거룩함과 죄의 사이에도 그렇습니다. 인간은 본능적으로 이것을 알았습니다. 왜냐하면 그의 첫 번째 반응이 주 하나님의 앞으로부터 도망하여 동산의 나무 뒤로 숨는 것이었기 때문입니다.

첫 범죄자의 후손인 우리는 위의 모든 일에 가담하고 있습니다. 우리는 아담이 처음으로 범죄하던 날 얻게 된 하나님께 반항하는 바로 그 성품을 우리 속에 가지고 태어났습니다. 어떤 사람이 기발하게 논파했던 것처럼, 우리 모두는 인생 **나 자신**의 전문가로서 시작하며 모든 행동을 이기적인 이익을 위하여 취하게 되었습니다. 이는 하나님의 권위에 도전하는 인간의 불손한 태도입니다. 그래서 성경은 다음과 같이 말합니다. "깨닫는 자도 없고 하나님을 찾는 자도 없고"(롬 3:11). 우리의 자연적인 성품은 하나님께 반항하며 다음과 같이 말합니다.

우리를 떠나소서 우리가 주의 도리 알기를 즐겨하지 아니하나이다 전능자가 누구기에 우리가 섬기리이까(욥 21:14-15).

이리하여 인간은 삶의 원래의 신성한 목적을 잃어버렸습니다. 만약 하나님께서 첫 범죄로 인해서 필연적으로 따라오는 불행과 인간이 하나님으로부터 멀어지는 것을 내버려 두시기로 작정하셨다면, 하늘에 있는 천사라도 하나님이 의롭지 않다고 정죄할 수 없습니다. 더구나 그분의 사랑이 부족하다고 책망할 수 없는 이유는, 그분은 이미 인간에게 그의 사랑을 보여주셨으나 인간이 그 사랑을 거부하였기 때문입니다. 그러나 하나님은 사랑이시어서 인간이 이 모든 일을 행하였을지라도 여전히 인간의 구원과 회복을 위하여 그 손을 두 번째로 뻗으셨습니다.

하나님은 오직 말씀으로 창조하셨습니다. 모든 것은 하나님의 말씀대로 창조되었습니다. 그러나 구속을 위해서는 그가 피를 흘려야만 했습니다. 그분은 자신의 아들 예수 그리스도를 우리를 위하여 십자가 죽음의 장소로 보내시고 형벌받게 하셨습니다. 그리스도의 인격 속에서 그 일을 행하셨습니다.

그러나 구원은 예상하지 못한 비상사태에 닥쳤을 때, 죽기 직전 마지막에 드는 생각과 같은 것이 아니었습니다. 죄가 동산 안에 들어오자마자 하나님은 선포하셨습니다. 장차 한 사람이 올

것인데 그가 뱀(곧 사탄)의 머리를 밟을 것이며, 그는 발꿈치가 상할 것이고(창 3:15), 죄와 사탄이 가한 모든 손실을 회복시킬 것이라고 말씀하셨습니다. 하나님은 이 말씀을 통해 슬픈 상황으로 전락해가는 상황에 당황하지 않으셨음을, 또한 이 모든 상황을 변화시키시기 위해 한 사람이 오실 것을 계시하셨습니다.

성경은 그를 가리켜 말하기를 "태초 전에 죽임 당한 어린 양"(계 13:8)이라고 했는데, 그 이유는 하나님과의 그의 치료가 질병보다 앞서 있었기 때문입니다. 이 모든 일은 한 가지 목적을 갖는데, 죄 많고 교만하여 깨어지지 않는 성품을 가진 타락한 사람들을 타락 시 잃어버린 하나님 중심적이며 순종하는 관계로 돌이켜 놓는 것입니다. 그래서 이 관계 속에서 하나님이 우리로 인해 기뻐하시고 또한 우리가 그분 안에서 기뻐하게 되는 것입니다. 만약 우리를 하나님과의 관계 속으로 돌이키려는 것이 창조와 우리를 향한 그의 구속사 전체의 목적이라면, 여기서 이것이야말로 우리와 함께하시는 그분의 모든 행사의 위대한 목표라는 것을 확신할 수 있습니다.

만약 비행기 설계자가 비행기를 특정 높이에서 날도록 설계했는데 그 비행기가 이륙조차 할 수 없게 된 것을 발견한다면, 그는 비행기가 자신이 설계했던 대로 기능을 발휘하도록 모든 노력을 기울일 것입니다. 이처럼 하나님은 우리를 그분께로 돌이키기 위해 모든 노력을 기울이십시오. 회개의 시작과 하나님을 향한 돌이킴은 그분과의 교제하는 길 위에 있을 때만 가능합니다. 그 길로 갈 때에만 하나님은 우리의 자기중심적인 의지에 관여하십니다. 그 결과 "오랜 강탈로 부풀어 오르고 염증이 난" 의지는 고통스럽긴 하지만 하나님 중심과 복종의 위치를 지키는 자리로 돌아오게 됩니다.

만약 우리가 우리 자신의 선택에 의하여 그분을 찾고 원하는 것이 아니라면, 하나님은 우리의 필요 속에서 그분에 대한 우리의 필요를 발견하도록 하기 위하여 가끔 슬픔과 고통과 질병과 사업의 실패를 맛보게끔 허락하십니다. 그러한 고통은 결코 징벌이 아니라 단지 그분 앞에서 총체적이고 유일한 회복을 가져다주기 위한 것입니다. 우리를 겸손하게 하고 회개의 자리로 이끌어 하나님께로 나아가게 하는 것은 바로 사랑입니다.

이와 같은 관점에서 하나님을 섬기고 내적 경험을 추구하려는 우리 자신이 설정한 목표가 얼마나 터무니없이 함량 미달인지를 직시하게 됩니다. 그리고 우리의 목표가 하나님의 뜻과 얼마나 멀리 떨어져 있는지도 보게 됩니다.

언뜻 보면 하나님을 섬기는 일이나 동료를 위해 자신의 삶을 내던지는 것이 영웅적으로 보이기도 합니다. 우리는 하나님에 대한 경험보다 그분을 위한 의무가 더 중요하다고 느낍니다. 봉사는 자기희생적이라는 인상을, 반면에 하나님과 동행하며 걸어가는 데 집중하는 것은 이기적이고 자기중심적이라는 인상을 갖게 됩니다. 그러나 이는 순서가 아주 바뀐 것입니다. 하나님이 가장 관심을 두시는 것은 교만하고 깨지지 않는 성품과 그분을 향해 냉정하게 굳어 있는 우리의 마음입니다.

그리스도인이 봉사에 몰두하면 봉사의 특성상 자주 자기중심적인 성품에 손질을 가하지 않은 채 내버려 두고 있을 우려가 있습니다. 비록 그것이 하나님과의 인격적 관계가 풀리지 않아 마음이 침체하고 영적인 진보를 방해받는 문제를 인식하는 이유입니다. 그리고 특정한 활동을 운영하는 위원회, 교회, 선교 단체가 거의 없는 이유입니다. 이러한 문제의 원인을 살펴봅시다. 그리스도인이 봉사에 참여하면 세상에서 얻지 못하는 지도력과 위치를 가질 수 있는 기회가 생깁니다. 이런 상황에서 우리는 금세 교만해지고 개인의 이익을 추구하고 야심을 갖게 됩니다. 그래서 마음속에 숨겨진 이 씨앗들을 가지고 타인과 나란히 일하다가 보면 우리의 마음으로부터 발현하는 원한, 완악, 비판, 투기, 좌절을 발견하게 됩니다.

우리는 자신이 하나님을 위해 일하고 있다고 착각합니다. 그러나 우리의 봉사가 하나님께 얼마나 사소한 것인지는 타인의 행위, 환경, 질병 등의 문제가 우리에게서 봉사를 빼앗을 때 분노와 자기 연민에 휩싸이는 것에서 여실히 드러납니다.

하나님이시어! 우리는 자신조차도 진실되고 깊이 있게 발견하지 못한 대답을 타인에게 해주려고 노력합니다. 이 상황에서 그리스도인이 활동하고 봉사하는 거대한 네트워크는 대부분 사람들의 요구와 문젯거리에 대한 대답을 전파하는 일로 뒤엉켜 있습니다. 비극입니다. 그 대답에서 극소수의 몇 부분만이 사람들의 삶에 도움을 주는 것으로 나타납니다. 우리는 그리스도인의 봉사라는 이 전대미문의 광범위한 영역을 향하는 강한 욕망에서 떠나야 합니다. 우리 자신이 하나님을 만나는 일에 노력을 기울이며 그분 안에 있는 삶의 깊은 해답을 찾아야 합니다. 이것이 이루어진다면, 비록 우리가 지구상의 가장 구석진 모퉁이에 살고 있더라도 세계가 그 답을 갖기 위해 우리 문 앞까지 길을 뚫어 놓을 것입니다.

우리의 이웃을 도우려는 봉사라는 일은 하나님을 향한 소망을 갖는 것에 비하면 부수적인 일에 불과하며 소망의 직접적인 결과일 뿐입니다. 이 말은 하나님을 위해 봉사를 행하는 것을 하나님께서 원치 않으신다는 것이 아닙니다. 물론 하나님은 봉사를 기뻐하십니다. 그러나 하나님의 목적은 때로 우리가 생각하는 것과는 매우 다릅니다. 하나님이 생각하시는 우리의 봉사라는 것은 짐꾼의 마차와도 같아서 그 위에서 하나님은 우리의 마음을 실어 담은 눈부신 목표를 성취하는 것보다는 우리의 인격을 다듬고 조성할 수 있기를 원하십니다. 하나님은 계속해서 우리 인격의 구성 속에 있는 타인을 괴롭히는 예민한 부분을 보십니다. 우리의 마음 안에서 개인의 이익을 추구하며 자만심을 갖게 하는 동기를 관찰하십니다.

그러므로 예민한 부분과 부딪혀 깎아내고 올바르게 만들어 줄 누군가를 만나게 하시고 그와 함께 일하도록 허락하십니다. 다른 면에서 하나님은 누군가가 우리의 계획을 방해하고 우리의 일을 다른 사람에게 허락하시기도 합니다. 만약 우리가 하나님을 위해 봉사하는 것으로 끝이 난다면, 우리는 반발심으로 가득 차던지, 저항이나 이탈이 발생할 것입니다. 우리는 자신만의 독립적인 일을 시작할 것이며, 이전보다 더욱 자기중심적인 사람이 될 것입니다. 그러나 만약 하나님께서 허락하신 것에 고개를 숙이고 죄악스러운 반발심을 회개한다면, 바로 그 환경에서 하나님만이 주실 수 있는 만족을 우리 마음속에 갖도록 그 능력과 은혜를 깊이 체험하는 것에 우리를 인도하신다는 사실을 깨닫게 됩니다.

반면에 내면의 영적 경험을 과도하게 추구하는 것 역시 우리가 진정한 목표를 발견하는 데에 방해가 됩니다. 왜냐하면 만약 이것을 삶의 목적으로 추구한다면 우리는 사사로운 경험에 사로잡히든지 또는 반대로 영적 경험이 부족한 경향을 띄기 쉽습니다.

이러한 경향은 굶주리고 만족하지 못한 그리스도인이 이런저런 설교자들을 찾아다니면서 그 설교자로부터 무슨 비밀스러운 것을 얻지나 않을까 하는 희망을 갖도록 만듭니다. 아니면 복을 받기 위한 새로운 여러 신앙의 방법들을 시도하거나 신선한 경험을 얻고 싶어서 강의와 수련회를 전전하게 만듭니다. 거기에서 복을 받는 느낌이 생기는지에 따라 자부심을 갖기도 하고 실망감에 빠지기도 하는 안타까운 상황을 자아냅니다. 결국 자신 스스로나 아니면 그의 경험에 사로잡혀 자기중심적 삶에 머물러 있게 됩니다. 그것은 신앙생활과 그와 같은 종류의 교리들에 대한 많은 가르침들과 강조로 인한 혼란을 통하여 인간들을 심한 정신적 고뇌 속으로 몰아넣을 수 있습니다. 어쨌든 유일하게 마음을 만족시키실 수 있는 하나님께서는 자신이 나타내시고, 사랑을 받고, 증명되기를 원하시면서 우리 옆에 서 계십니다.

그러므로 하나님을 바라보는 것 그리고 그분이 우리를 그분에 대한 순종의 옛 관계로 돌이키시기 위하여 맡기시는 것, 바로 그것이 삶의 목적입니다. 우리는 하나님께서 우리를 위하여 좀 더 작은 목적으로 만족하시기를 원합니다.

루이스는 다음과 같이 말합니다.

> 하나님께서 우리를 위하여 덜 영화스럽고 험난한 운명을 계획하시기를 소원하는 것은 당연한 일이다…그것은 우리가 받을 가치가 있는 당연한 보응을 넘어설 뿐만 아니라 매우 드문 은혜의 순간을 제외하고는 우리의 소망을 넘어서는 영광의 짐이기 때문이다.[1]

우리는 우리를 향한 이 고상한 목적에 대해서 반항해서는 안 됩니다. 진흙은 토기장이에게 아무 말도 할 수 없습니다. 토기장이는 그가 선택한 것이 어떠한 모양이든지 간에 그것을 만들 수 있는 권한을 가지고 있습니다. 우리의 최상의 선은 오직 순종함으로써만 얻을 수 있습니다. 모든 사람의 마음속에는 하나님의 형상을 닮은 여백이 있다는 말이 있습니다. 하나님의 마음속에도 사람의 모양을 닮은 여백이 있다는 것도 사실입니다. 후자가 진실인 것은 하나님이 우리를 너무나 사랑하시며 그리워하시고 끝까지 우리와 동행하시기 때문입니다. 그리고 전자가 사실인 이유는 세상 것들은 봉사조차도 결코 우리의 마음을 만족시킬 수 없기 때문입니다.

---

[1] C. S. Lewis, *The Problem of Pain* (New York : Harperone, 2001).

오직 하나님 자신만이 그의 형상을 닮아서 만들어진 여백을 메우실 수 있습니다. 만약 우리가 이것을 깨닫는다면 우리 중의 몇 명은 삶에 대해 새로운 관점을 가질 수 있을 것입니다. 우리는 우리를 둘러싸고 있는 가장 친근한 것들 가운데에서조차도 삶을 위한 새로운 풍미를 가질 수 있습니다. 강조되는 면이 '하는 것'으로부터 '존재'로 변화되자마자 긴장은 풀어집니다. 그렇다고 환경이 변화되는 것은 아닙니다. 단지 우리가 변화되는 것입니다.

만약 하나님과의 교제가 우리의 첫 번째 관심거리가 된다면, 우리는 부엌에서, 병상에서, 어려운 환경과 어떤 종류의 노력에서도 하나님과의 교제를 가질 수 있게 됩니다. 우리의 길에, 이루어져야만 할 일들이 심지어는 가장 진저리나는 자질구레한 일들이 가로 놓여 있다 할지라도 그 일들은 하나님과 하나님의 영광을 위해서 진행되어야 합니다.

그러할 때 앞에서 말한 노력과 굴레와 좌절은 사라질 것이고, 우리는 하나님과 우리 자신의 평화 속에 거하게 될 것입니다.

나는 한 가지를 알았네.
나는 그분께 아니라고 말할 수 없다네.

나는 한 가지를 행했네.
나는 주를 향해 나아갔다네.

나의 영광은
이곳에 날마다 날마다.

그리고 그 영광 속에
나의 큰 상급이 있다네.

We Would See Jesus

예수님을
바라보라

Roy Hession

2장

예수님을 통해 하나님을 바라보라

1장은 아마도 우리에게 좌절감을 느끼게 했을 것입니다. 우리는 우리의 목표가 하나님이 되어야 한다는 사실을 충분히 알고 있습니다. 그러나 그분은 너무 멀리 계시고 우리가 알 수 없는 존재처럼 느껴집니다. 하나님께서 스스로를 우리에게 보여주시기 전에 우리는 그분을 알 수 없습니다. 사람들은 그 계시와 멀리 떨어져서는 그분을 헛되이 찾아 더듬을 수밖에 없으며, 욥과 같이 "오! 내가 어찌하면 하나님을 발견하고"(욥 23:3)라고 말할 수밖에 없는 것입니다.

창조의 놀라운 솜씨도 하나님에 대해 필요한 계시를 모두 보여주지 않습니다. 이에 대해 욥은 "보라! 이런 것은 그 행사의 시작점이요 우리가 그에게 대하여 들은 것도 심히 세미한 소리 뿐이니라"(욥 26:14)고 말했습니다. 사람들은 그들이 하고 싶은 대로 내버려 두면 하나님에 대해 잘못된 지식을 갖게 됩니다. 그 잘못된 지식은 사람을 하나님께로 이끌고 가기보다는 사람들을 물리치며 두려움과 멍에만을 낳게 합니다.

그러나 기독교의 영광스러운 중심적 사건은 하나님이 가장 단순하고도 두려움 많은 우리에게 그분 스스로를 이해하고 접근하기 쉬우며 완벽하고도 최종적인 계시를 주셨다는 사실입니다. 그는 아들을 통하여 이와 같은 일을 하셨습니다. 그를 통하여 세상을 지으셨고, 우리의 피와 살을 그분께 짊어지게 하시기 위하여 스스로 비천해 지셨습니다. 그리고 우리의 죄를 깨끗하게 하신 그분은 지극히 높으신 분의 우편에 앉으셨습니다. 그분은 바로 아들이신 주 예수님이십니다.

제자들은 하나님의 불가지(unknowableness)에 대한 어려운 문제를 놓고 토론을 벌였습니다. 그들 중 한 명이 어느 날 주 예수님에게 말했습니다. "주여 아버지를 우리에게 보여 주옵소서 그리하면 족하겠나이다." 그에 대하여 예수님은 다음과 같은 굉장한 말씀을 하셨습니다.

나를 본 자는 아버지를 보았느니라(요 14:9).

신약성경의 뒷부분에서 우리는 바울이 이와 똑같은 이야기를 골로새 사람들에게 하는 것을 볼 수 있습니다.

> 그는 보이지 아니하시는 하나님의 형상이요(골 1:15).

그리고 다시 고린도 교인들에게 말합니다.

> 하나님께서 예수 그리스도의 얼굴에 있는 하나님의 영광을 아는 빛을 우리 마음에 비추셨느니라(고후 4:6).

이상의 말들이 바로 그것입니다. 이 주제에 대해 가장 큰 도움을 주는 본문은 예수 그리스도의 얼굴에 나타나는 하나님의 영광에 대한 지식의 빛에 대해 묘사한 바로 위의 본문입니다. 빛이 어떤 대상에게 비취었을지라도 그 빛은 보이는 것이 아닙니다. 우리는 방 안으로 비쳐 들어오는 햇빛의 광선을 본다고 생각합니다.

그러나 사실은 그렇지 않습니다. 우리는 단지 빛이 비추는 공기 중의 한 미립자를 본 것에 불과하며, 빛의 출현을 나타내 보여 준 것에 불과합니다. "하나님은 빛이시라"(요일 1:5)는 말씀이 있습니다. 그러나 그가 어떤 대상을 비추시어 그를 드러내 보인다 할지라도, 그는 보이지 않는 분이시며 알려지지 않는 분이십니다. 그가 비추신 그 대상이 예수 그리스도의 얼굴이며 우리가 그 얼굴을 들여다보게 될 때에, 우리의 마음속에는 하나님의 영광에 대한 지식의 빛이 비춰는 것입니다. 우리는 결코 그분 자신을 그리스도의 얼굴 외에 아무 데에서도 볼 수 없는 것입니다.

신약성경의 다른 본문은 우리에게 주 예수 그리스도가 성부의 계시라는 사실에 대해 세 가지의 아름다운 예증을 들고 있습니다. 한 가지는 그가 "말씀"(요 1:1)이라 불리신 사실입니다. 왜냐하면 말이라는 것은 생각의 표현이기 때문입니다. 또 다른 것은 그가 "본체의 형상"(히 1:3)이라고 불리우신 사실입니다. 왜냐하면 밀랍으로 봉하여 도장을 찍어 둔 것은 봉인된 것을 의미하기 때문입니다. 또한 바로 그 같은 본문에서 그는 "하나님의 영광의 광채"라고 불리우셨습니다. 이는 광선의 광채는 태양을 드러내고, 그 광채는 우리가 태양을 보아 알 수 있는 모든 것임을 의미하는 말입니다.

그렇습니다. 말씀이 생각의 아들이며 밀랍의 도장이 봉인의 아들이고 광선이 태양의 아들인 것처럼, 예수님은 하나님의 아들이시며, 그와 동등하시나 결코 그를 떠나 독립되지 않으십니다. 그리고 우리가 온전히 하나님을 알아들을 수 있는 표현을 사용하셔서 가르쳐주십니다. 그리고 예수님은 성육신하셨을 때에만 계신 것이 아니라, 시간이 시작되기 이전에도 계셨으며 시간의 끝 이후에도 계실 분이십니다.

> 주님은 영원한 말씀
> 아버지의 독생자
> 하나님을 분명히 보시고 들으시고
> 천국의 사랑을 받으시는 분이시네.
>
> 주님 속에 완전히 나타나신
> 아버지의 영광이 빛나는도다.
> 완전한 신성을 소유하신
> 영원한 신성이시네.
>
> 그 근원이 감추어지신
> 무한의 진실된 형상
> 창조되지 않은 빛의 밝음이시며
> 하나님의 마음을 나타내시네.

우리는 예수 그리스도의 얼굴 외의 어떤 곳에서도 완전히 하나님을 뵈올 수 없습니다.

도빈네(D'Aubigné)는 자신의 마틴 루터(Martin Luther) 전기에서 어떻게 루터가 하나님을 뵙기 위해 찾고 구했는지를 묘사했습니다.

> 그는 하나님의 비밀스러운 정원 안으로 들어가기를 원했다. 그는 하나님의 신비를 밝혀내기를 원했으며, 볼 수 없는 것을 보고 이해할 수 없는 것을 이해하기를 원했다.

스타우피츠(Staupitz)는 루터에게 충고했습니다. 하나님에 대해서 추측하지 말고 감추어져 있는 하나님을 간파하라고 했습니다. 예수 그리스도 안에서 자신을 우리에게 나타내고 계시는 하나님께 가까이 나아가라고 말했습니다.

예수 그리스도 안에서 하나님은 말씀하시기를, "너희들은 내가 누구인지를 알며 내가 요구하는 것이 무엇인지를 알게 될 것이라"고 말씀하셨습니다. 하늘이나 땅이나 그 밖의 어느 곳이라 할지라도 예수 그리스도 밖에서는 결코 발견할 수 없습니다.

그러면 예수 그리스도의 얼굴을 들여다보았을 때 그 속에서 우리가 발견할 수 있는 것은 정확히 무엇이겠습니까? 성경은 우리가 "하나님을 아는 지식의 빛"을 보았을 뿐만 아니라, "예수 그리스도의 얼굴 안에 있는 하나님의 영광에 대한 지식의 빛"도

보았다고 말합니다. 우리는 그리스도 안에서 하나님을 볼 뿐만 아니라, 그의 영광이 거하고 있는 것을 보게 됩니다. 이것은 우리에게 하나님을 영화롭게 만들고 있는 것에 대한 새로운 이해를 갖게 해주는 것이며, 동시에 놀라움과 충격을 가져다주는 것입니다. 하나님의 영광이 드러나 있는 주님의 얼굴은 사람의 악의에 의하여 망가지고 상처 나게 되었고 매질이 가해졌습니다. 그에 관한 이사야의 "이 왕에는 그 얼굴이 타인보다 상하였고 그 모양이 인생보다 상하였으므로 무리가 그를 보고 놀랐거니와"(사 52:14)라는 예언은 "그의 얼굴이 상하였으므로 이제는 인간의 그것보다 더 좋지 못하였다"라고 해석될 수 있습니다. 그토록 그는 심하게 훼손되었습니다.

그러나 우리는 말하기를, 이것은 영광의 모양이 아니라 부끄러움과 모욕의 모양이라고 했던 것입니다! 그러나 그것은 하나님께서 영광으로 간주하시는 영광스런 일이었습니다. 왜냐하면 영광의 하나님께서는 우리가 생각하는 것과는 다르게 행하시기 때문입니다. 우리는 항상 하나님을 "우리와 같은 분"(시 50:21)으로 생각하는 잘못을 저지릅니다. 그분의 영광을 사람들이 영광으로 생각하거나, 항상 큰 것만이 최고라고 생각하는 잘못을 범하고 있습니다. 사람의 영광은 그 자신을 높이기 위해서 그의 재능을 사용하며, 다른 사람들을 그의 뜻에 굴복하게끔 만듭니다. 그것이 영광이요, 능력이라고 세상은 말합니다.

> 저가 비록 생시에 자기를 축하하며 스스로 좋게 함으로 사람들에게 칭찬을 받을지라도(시 49:18).

우리는 얼마나 자주 높은 경영자의 책상에 앉아서 단추만 누르면 사람들이 내가 원하는 모든 것을 해주는 영광을 누리기를 탐내고 있습니까! 사람의 눈 속에 있는 영광은 항상 자기를 높이는 것만을 바라고 있습니다. 그러나 하나님의 영광은 매우 다르다는 사실을 예수님 안에서 발견하게 됩니다. 예수님은 그의 재능을 자신을 높이는데 쓰지 않으시고, 오히려 그의 자의로 인간을 위하여 자신을 비천하게 만드시는데 사용하셨습니다. 그리고 그를 반대하는 자들을 조각내어 부숴버리는데 쓰실 수 있는 강한 능력을 과시하시지 않으셨습니다. 오히려 은혜 받을 값어치 없는 자들이 하나님께 회개하며 돌아올 때 능력을 감추시고 은혜를 보이시는 사랑을 베푸셨습니다.

모세가 "원컨대 주의 영광을 내게 보이소서"(출 33:18)라고 했을 때, 하나님은 "내가 나의 모든 선한 형상을 네 앞으로 지나게 하고 여호와의 이름을 네 앞에 반포하리라"(출 33:19)고 하셨습니다. 이 말은 "내가 네 앞에서 나의 모든 능력과 권위와 거룩을 시위하리라"는 의미가 아니라, "내가 나의 모든 선함을 네 앞에 있는 약하고 죄 많고 은혜 받을 값어치 없는 자들에게 부어주리라"는 의미인 것입니다. 그의 긍휼(신약성경에서는 은혜라 불린다)을 보여 주심으로 그의 영광을 보여 주신 것이었습니다. 그의 영광은 곧 그의 은혜입니다(엡 1:6). 이것이 천사들을 하나님에 대한 놀라운 경배의 마음으로 그들의 얼굴을 감추고 절하게끔 만든 것입니다. 이것이 다른 데서는 보여지지 않고 예수 그리스도의 얼굴에만 충만하게 나타났던 영광입니다. "그에게서 사상 완전한 성부의 영광의 빛이 나타난 것이다." 이것이 구세주의 마음속에 자리 잡고 있었던 영광에 대한 개념입니다.

그는 "인자의 영광을 얻을 때가 왔도다"(요 12:23)라고 말씀하셨습니다. 그리고 여기에서 그가 들리 울 때가 오면 모든 사람을 그에게로 이끄신다는 말씀을 하심으로 그 의미를 발전시키십니다(요 12:32). 그는 계속 반복하여 "내 때가 아직 오지 않았다"라고 말씀하시고, 급기야는 "이제 그때가 왔다"라고 하셨습니다. 만약 우리가 그의 모든 말씀을 처음부터 살펴본다면, 우리는 분명히 다음과 같은 말을 하고 싶을 것입니다.

> 그의 삶의 상황보다 더 영광스러운 시간은 없으며 더 변호받아 마땅한 삶은 결코 없을 것이다. 왜냐하면 아무도 반대와

중상모략이 빗발치는 길을 그보다 더 꾸준하게 걸어간 사람은 없기 때문이다!

그는 왕좌에 올라가신 것이 아니라, 대중에게 치욕의 구경거리가 되셨습니다. 그리고 그가 인간을 죄의 멸망으로부터 구원하시기 위해 악한 자들을 위한 십자가에 달려 돌아가신 것을 발견할 때, 우리는 놀라움을 금치 못하게 합니다.

예수님은 결론적으로 말씀하셨습니다.

이것이 나의 영광의 시간이다. 왜냐하면 이 순간이 죄인을 향한 나의 은혜의 시간이기 때문이다.

그러므로 예수님 안에서 하나님의 가장 높은 영광이 우리의 가장 깊은 행복을 보장해 주는 그의 은혜 속에서 이루어지는 것을 발견하게 됩니다. 하나님은 이런 분이십니다! 그가 가지고 계신 이러한 뜻은 우리의 죄 많은 양심이 가져다주는 생각과 얼마나 다릅니까! 죄 많은 양심은 마치 하나님이 커다란 몽둥이를 들고 계시는 분인 것처럼 우리를 그에게서 도망치고 숨으라고 항상 말하고 있습니다.

그러나 걱정할 것 없습니다.

그는 다음과 같이 말씀하시고 계십니다.

내가 땅에서 들리면 (은혜 속에서 하나님의 영광을 나타내는 것을 말한다) 모든 사람을 내게로 이끌겠노라 하시니(요 12:32).

여기에 하나님을 이해할 수 있는 분으로서 뿐만 아니라, 무한히 소망할 수 있는 분으로 가르쳐 주는 하나님의 계시가 나타나 있습니다. 우리는 하나님을 보기 위해서 다른 곳이 아닌 예수 그리스도의 얼굴을 들여다 볼 필요가 있으며, 따라서 하나님을 알고 그가 실재하시는 분이심을 알 필요가 있습니다.

예수님 안에서
나는 신성이 비추는 것을 보았네.
그리스도가 나를 위하여!

하나님이 우리의 의문을 이와 같이 간단히 해답해 주시는 것은 얼마나 아름다운 일입니까? 우리에게는 철학자도 신학자도 학자도 필요 없습니다. 우리는 더 이상 탐구할 필요가 없습니다 (아니, 우리는 해서도 안 됩니다). 오직 우리가 성부에 대해서 알 필요가 있는 모든 것은 어린아이들도 이해할 수 있는 명확함으로 주 예수 안에 계시된 것들입니다. 오히려 우리가 어린아이와 같이 되지 않는 이상 이해할 수 없는 것입니다. 왜냐하면 우리의 지적 능력은 이를 방해하기 때문입니다. 이제 우리가 외칠 필요가 있는 단 하나의 부르짖음은 그리스인들이 빌립에게 했던 "선생이여! 우리가 예수를 뵈옵고자 하나이다!"라는 말뿐입니다. 우리는 예수님을 바라봄으로 모든 것을 보며, 우리의 마음속에 있는 모든 필요가 그 해답을 만나게 되는 것입니다.

우리는 이제 우리 자신을 향하여 "예수님을 바라보는 것"의 정확한 의미가 무엇인지에 대해 물어보아야만 합니다. 아마도 그것은 우리가 뜻하지 않은 것을 보도록 도와줄 것입니다.

예수님을 바라보는 것은 그를 신비적인 방법으로 보기를 바란다거나 환상을 보기를 열망하는 것을 의미하지 않습니다. 어떤 여자에게 예수님을 보았는지에 대해서 물었습니다. 그리고 그 여자는 이렇게 대답했습니다.

> 오! 그럼요. 나는 항상 내 마음속에 예수님의 모습을 그리려고 노력하는 걸요.

어떤 사람들은 환상에 주의를 기울입니다. 그러나 환상 속에는 영광도 없을 뿐 아니라, 찾아 구할 만한 것도 아닙니다. 바울은 그가 본 것에 대하여 무거운 침묵을 지켰습니다(고후 12:1-5).

환상을 본다는 사실은 예수님을 다른 경우에서 보다 더 깊이 안다는 것을 의미하지 않습니다. 경우에 따라서는 환상은 방해물이 될 수도 있습니다. 한층 더 나아가서 우리는 그리스도와 그의 사랑에 대해서 단순히 객관적인 명상을 가지거나, 진리의 학구적인 기쁨만을 가지는 것이 필요한 것이라고 생각해서도 안 됩니다. 성경공부에 있어서 중요한 점은 성경공부가 때로 아주 예상 밖의 메마른 것일 수도 있다는 사실입니다. 성경공부를 한다는 것은 학생들이 예수님의 모습을 변형시키는 즐거움을 갖게 되는 것을 뜻하지 않습니다. 우리가 끈질기게 성경에 나타나시는 하나님을 매일 기다린다면 우리는 결코 그렇게 크게 빗나가지는 않을 것입니다.

예수님을 바라본다는 것은 그가 **우리의 필요를 채워주시는 분**이라는 것을 이해하고, 믿음으로 모든 것을 그에게 맡기는 것을 의미합니다. 주 예수님은 항상 갈망하는 눈에게 나타나십니다. 그는 성경 속에서 우리의 학구적인 명상이나 기쁨을 위해서가 아니라, 죄인이고 악한 자인 우리의 결정적인 필요를 위해서 하나님 자신을 항상 우리에게 보여주고 계십니다. 그러므로 필요를 인정하고 죄를 고백하는 것이 예수님을 만나는 데 있어서 첫 번째 걸음입니다. 성령께서는 필요한 것을 채우시는 분이며, 예수님을 그 마음에 보여 주시기를 기뻐하십니다.

일반적으로 그는 성경을 통해 나타나십니다. 그러나 가끔 다른 사람들의 간증이나 찬양과 같은 방법을 통해서도 나타나십니다. 때로는 직접 찾아오시는 특별한 방법으로 나타나시기도 합니다.

그래서 성령께서 우리에게 자신을 보이실 때 분투, 긴장, 죄책, 공포, 슬픔의 모습이 사라지고 예수님의 모습으로 우리의 심령이 채워지게 됩니다.

> 그때에 우리 입에는 웃음이 가득하고 우리 혀에는 찬양이 찼었도다(시 126:2).

3장
우리의 모든 필요이신 예수님을 바라보라

예수님께서 "아브라함이 나기 전부터 내가 있느니라"(요 8:58)고 하심으로 그가 성부와 동등되심을 말씀하신 것은 숨이 멎는 말씀 중의 하나입니다. 아브라함이 있기 전에 내가 있다(I AM)고 하신 그 문장은 문법을 초월한 문장으로 우리의 주위를 끕니다. 만약 주 예수께서 그가 선재(先在)하심을 말씀하시기 원하셨다면, "아브라함이 있었기 전에 내가 있었느니라"(I was)고 말씀하셨을 것입니다. 그러나 예수님은 "아브라함이 있기 전에 내가 있느니라"(I AM)고 말씀하셨습니다.

의심할 나위 없이 그는 우리로 하여금 모세가 타오르는 가시나무 떨기에 나타나신 하나님께 절하면서, "자기를 이스라엘 백성들에게 보내시는 하나님을 어떤 이름으로 불러야 할 것인가"라고 물어보았던 그때를 생각나게 하십니다. 이때 하나님은 대답하셨습니다.

> 나는 스스로 있는 자니라(I AM WHO I AM)…나를 너희에게 보내셨다 하라…이는 너희 조상의 하나님 곧 아브라함의 하나님, 이삭의 하나님, 야곱의 하나님 여호와라 하라 이는 나의 영원한 이름이요 대대로 기억할 나의 칭호니라(출 3:14-15).

그 후 하나님의 이름은 같은 뜻을 가진 히브리어의 '나는 있다'(I AM)라는 어원에서 나온 '여호와'가 되었습니다.

그러므로 주 예수께서 이 말씀을 유대인들에게 하셨을 때, 구약성경의 위대한 말인 '나는 있다'(I AM)를 인용하여 선포하신 것입니다. 그 위대한 '나는 있다'이신 분을 그들의 조상에게 언약하신 하나님으로 모든 유대인들은 알고 있었습니다. 예수님은 그들이 자신을 "너희가 만일 내가 그인 줄 믿지 아니하면 너희 죄 가운데서 죽으리라"(요 8:24)[1]고 말씀하셨던 그분으로 받

---

[1] 흠정역(King James Version)에서 이텔릭체로 쓰여진 '그'라는 낱말은 헬라어 원문에는 없기 때문에 생략될 수 있다는 것을 의미한다. 이 낱말은 '나는 있다'(I AM)라는 이름을 눈에 띄게 하는 역할을 한다.

아들이느냐에 따라, 그들의 영원한 운명이 결정지어진다는 것을 말씀하시며 더 많은 곳을 다니셨습니다.

'나는 있다'라는 여호와의 위대한 이름을 예수님은 당신 스스로를 통해서 두 가지로 말씀하셨습니다. 첫 번째 의미는 그가 영원히 현재 계시는 분이라는 뜻입니다. 그는 시간을 초월하여 계시며, 그에게 있어서는 과거도 미래도 없으며, 오직 모든 것이 현재입니다. 분명히 이 말은 괴상한 시제를 의미합니다. "아브라함이 있기 전에 내가 있느니라." 그것은 분명히 영원을 의미하지만, 단순히 시간을 연장하는 것이 아니라 모든 것이 하나의 영광스러운 현재인 이 세상과 다른 영역을 의미하는 것입니다. 이러한 이유에서 프랑스어 성경은 항상 여호와라는 이름을 *L'Éternel*(에테르넬), 즉 영원하신 분이라는 뜻의 단어로 번역합니다.

시간 속에서 우리와 영원하신 분과의 관계는 독자와 책에 있는 사건들과의 관계로 잘 설명될 수 있습니다. 그 책에 있는 이야기에는 시간의 단락이 있습니다. 페이지가 넘어감으로써 어떤 사건은 과거가 되고, 어떤 것은 현재가 되며, 어떤 것은 미래로 남아 있게 됩니다. 그때에 독자 자신은 그 사건과 다른 별개의 영역 속에 있게 됩니다. 독자는 그 책의 어떤 페이지든지 자유롭게 펼 수 있습니다. 그리고 그것을 읽음으로 그 책에 기록되어 있는 사건들은 모두 현재의 것이 되며, 바로 그 순간에 일어나는 사건이 됩니다. 이것이 우리에게 보여주는 영원한 분이시며 바로 그 '나는 있다'이신 주 예수님의 모습입니다! 그에게 있어서 과거와 미래의 우리 삶은 항상 현재이며, 우리의 내일은 물론 우리의 어제도 그에게는 현재입니다.

그러나 우리에게 있어서 더욱 중요한 사실은 이 '여호와'라는 이름이 하나님이 당신을 향한 순종의 관계 속으로 데려오신 이 땅의 백성 이스라엘 자녀들과의 관계 속에서 거의 동일하게 쓰여지곤 한다는 것입니다. 이방 나라들에게 그는 공의의 하나님이십니다. 그러나 그의 선택받은 백성들에게 있어서 그는 특별한 약속을 가지고 계신 영원한 여호와이십니다.[2]

이 이름이 그들에게 있어서 특별한 중요성을 가진다는 사실은 하나님께서 모세에게 "나는 여호와로라 내가 아브라함과 이삭과 야곱에게 전능의 하나님으로 나타났으나 나의 이름을 여호와로는 그들에게 알리지 아니하였고"(출 6:2-3)라고 말씀하신 것에서 분명히 나타납니다. 그러므로 분명한 것은 이 이름이 그

---

2) 흠정역이 '주님'(Lord)이라는 단어를 대부분 사용함으로 '여호와'라는 이름을 크게 드러내지 않는 것은 유감스런 일이다. 이런 현상은 여호와의 이름을 너무나 신성시하여 쓰지 않는 유대교 전통에서 비롯된 것임에 의심의 여지가 없다. 그러나 흠정역은 원문에서 여호와란 이름이 나올 때마다 대문자로 '주님'(LORD)이라고 씀으로 암시를 주고 있다. 이는 '하나님'(God)을 대문자 '하나님'(GOD)으로 기록될 때에도 똑같이 적용된다. 주의를 요하는 사항이다.

들을 새로운 계시로 인도함을 뜻합니다. 그렇다면 그것이 무엇이겠습니까?

이 이름이 주고 있는 특별계시, 즉 하나님의 은혜에 대한 '나는 있다'라는 말은 아직 끝맺어지지 않은 문장입니다. 그것은 목적어나 보어를 가지고 있지 않습니다. '나는 있다'는 어떤 말입니까? 우리가 계속해서 성경을 봄으로써 발견하는 놀라움은 무엇입니까? 그것은 그가 말씀하시기를 "나는 나의 백성이 필요로 하는 무엇이든지 이다"라는 의미이며, 이제 그 문장은 사람이 그의 많고도 다양한 필요들을 가지고 와서 그 문장을 완성시켜야 할 유일한 공백만을 남겨 놓고 있습니다!

인간의 필요를 떠나서는 하나님의 이 위대한 이름은 폐쇄될 회로를 계속해서 도는 것처럼, 하나님은 이해될 수 없는 분이라는 의미의 "나는 나이다"(I am that I am)라는 말로 남아 있을 수밖에 없습니다. 그러나 인간이 필요와 불행에 젖어 그분 앞에 나오게 되는 순간, 그분은 그 사람이 필요로 하는 바로 그것이 되십니다. 그때에 그 동사는 목적어를 가지게 되며, 그 문장은 완성되고, 하나님은 계시되시고 알려진 분이 되십니다. 우리에게 평화가 부족합니까? "내가 너의 평화이니라." 우리에게 강함이 부족합니까? "내가 너의 강함이니라." 우리에게 영적인 삶이 결핍되어 있습니까? "내가 너의 삶이니라." 우리에게 지혜가 부족합니까? "내가 너의 지혜이니라." 이와 같은 말이 계속 이어집니다.

'여호와'라는 이름은 실로 백지수표와 같습니다. 당신의 **믿음**은 그가 당신에게 필요한 무언가가 되는 상태에서 완전히 채워집니다. 즉 모든 필요가 생기는 바로 그때의 당신에게 말입니다. 나아가서는 이러한 특권을 위해서 그분을 찾아 구하는 것은 당신이 아니라 당신에게 그것을 요구하시는 그분입니다. 그는 당신이 그것을 찾기를 **요구**하고 계십니다.

> 지금까지는 너희가 내 이름으로 아무것도 구하지 아니하였으나 구하라 그리하면 받으리니 너희 기쁨이 충만하리라(요 16:24).

물은 깊이가 얕은 곳을 찾아 채우려고 흘러가듯이 여호와께서도 사람의 필요를 찾아 그 필요를 채우시기를 원하십니다. 필요가 있는 곳에 하나님도 계십니다. 슬픔, 불행, 비참, 고통, 혼란, 어리석음, 억압의 곳에 '나는 있다'이신 분이 계십니다. 그리고 이 문제를 그분에게 맡길 때마다 우리의 슬픔을 축복으로 만들기를 원하시며 우리 앞에 계십니다. 이 경우에 있어서는 배고픈 자가 빵을 찾는 것이 아니라, 빵이 배고픈 자를 찾는 것입니다. 슬픈 자가 기쁨을 찾고 있는 것이 아니라, 오히려 기쁨이 슬픈 자를 찾는 것입니다. 아무것도 없는 것이 충만함을 찾는 것이 아니라, 충만함이 아무것도 없는 것을 찾는 것입니다. 그는 우리의 필요를 채우시는 분일 뿐만 아니라, 그 자신을 우리의 필요의 채움이 되도록 만드십니다. 그는 영원히 "나는 나의 백성이 필요한 것이다"이십니다.

오! 그 은혜, 그 놀라움! 왜 하나님은 그런 일을 하십니까? 이러한 일을 하시는 그분께 우리는 어떤 말을 외쳐야 합니까? 타락하기 전의 사람이라 할지라도 이런 일을 하시는 하나님께 할 말이 없건만, 하물며 반항하고 타락하였으며, 그의 필요와 재난의 대부분이 죄의 결과로 일어나게 된 사람이야 무슨 할 말이 있겠습니까! 그러나 그것은 은혜이고, 그런 일을 하시는 분이 하나님이십니다! 은혜는 그 본질 자체가 항상 필요에 의하여 되는 것입니다. 그리고 이것은 하나님의 편에서 보실 때 결코 이상한 일이 아니며 후회할 일도 아닙니다. 오히려 그가 자신을 계시하시는 방법입니다.

우리의 필요를 떠나서 그는 '나는 나이다'로 계실 뿐이지만, 우리의 필요를 채우시는 분이 되시기를 요청받을 때 그는 당신이 진실로 어떤 분이신가를 보여 주십니다. 이것이 그를 볼 수 있는 방법은 단순한 학구적인 이해로서 하나님의 실재를 아는 것이 결코 아니며, 그를 아는 것이 아니라는 이유가 됩니다. 우리가 우리의 필요를 가지고 그에게 나아올 때 "너희는 내가 **여호와**인 줄 알게 되리라"는 말씀이 이루어집니다.

때때로 구약성경에서 '여호와'라는 이름의 백지수표에 우리의 필요를 채우고 격려하기 위하여 금액이 기입될 때가 있습니다. 이따금 우리는 이런 경우에 그의 완전한 이름을 이루시기 위하여 다른 단어와 복합된 여호와의 이름을 만나게 됩니다. 이스라엘의 자녀들은 광야를 지날 때에 그들을 대적하는 적과 싸워 승리를 위해 그들의 피곤한 영혼을 새롭게 규합하는 데에 한 폿대가 필요했습니다. 그들은 여호와 하나님께서 그들에게 승리를 주실 것을 알았습니다. 아말렉을 싸워 이긴 다음 제단을 쌓고 그것의 이름을 '여호와 닛시'라 불렀는데, 이는 "내가 너희의 깃발이니라"(출 17:15)는 의미였습니다. 이 전쟁이 사람들의 싸움에 불과한 것이 아니라 하나님의 전쟁이었다는 말입니다.

구약성경의 또 다른 곳에서 기드온은 여호와의 천사의 얼굴을 대면한 것으로 인해 목숨을 잃게 될까봐 두려워하고 있었습니다. 그때 여호와께서는 그에게 말씀하시기를 "그대에게 평안이 있으라 두려워 말라 그대는 죽지 않으리라"고 하셨습니다. 여기서 여호와는 기드온과 같은 죄인에게도 평화이신 분이심을 발견하게 됩니다. 그래서 기드온은 새로운 계시를 기념하기 위하여 한 제단을 여호와 앞에 쌓고 그것을 '여호와 샬롬', 곧 "나는 너의 평강이니라"(삿 6:24)는 이름을 붙입니다.

구약성경의 또 다른 곳에서 예레미야는 오실 메시아에 대해 "그의 날에 유다는 구원을 얻겠고 이스라엘은 평안히 거할 것이며 그 이름은 여호와(치드케누) 우리의 의라 일컬음을 받으리라"(렘 23:6)고 말하였습니다. 이스라엘은 구원을 받고 안전히 거할 것입니다. 여호와께서 그들을 향한 모든 비난에 대응하시며 그들의 보증과 의로움이 되시어 그들의 곁에 서 계실 것이기 때문입니다.

이와 같이 하여 일곱 개의 아름다운 여호와란 이름의 합성어가 생겨났습니다.[3] 구약의 일곱 군데에서 그 백지수표의 '나는 있다'라는 공란이 우리의 격려를 위하여 채워졌던 것입니다. 그 이름들은 얼마나 값진 이름들입니까! 그러나 우리가 여호와라는 이름의 최고의 합성어인 예수라는 이름에 우리의 시선을 집중시킨다면, 다른 것은 이 작은 저서의 부수적인 일에 불과합니다. JE-SUS(예수)라는 이름은 여호와-SUS라는 이름의 축소판으로[4] "나는 너의 구원이다"라는 뜻을 가진 합성어가 아닌가하고

---

3) 나머지 네 가지 이름은 다음과 같다. 창 22:14(여호와 이레: 나는 준비하는 자이다), 출 15:26(여호와 라파: 나는 치료하는 자이다), 시 23:1(여호와 라아: 나는 너의 목자이다), 겔 48:35(여호와 삼마: 나는 거기에 있는 자이다, 또는 지금 계신 자이다). 몇 가지 경우에서는 흠정역의 히브리 이름들이 나와 있지 않지만, 대부분의 영역본들은 이와 같다.
4) 사실상 '예수'(Jesus)라는 이름은 '여호수아'라는 히브리 이름의 헬라어

생각해 봅니다.

여호와가 "나는 네가 필요로 하는 것이다"라는 말이었다면, 그는 죄인인 우리의 근본적인 필요를 맡아야만 할 것입니다. 그와 같이 우리는 그의 거룩한 율법에 의하여 올바르게 정죄받을 것이며, 우리 자신의 선택에 의한 '먼 지방'의 기근과 재난 속에서 맥빠진 생활을 하게 되는 것입니다. 여호와의 합성어로 된 이름이 만남으로서 그를 드러내는 다른 필요들은 특별히 죄인으로서의 그의 백성의 필요가 아닙니다. 그러나 예수님 안에서 여호와는 변명할 것도 없고 권리도 없는 죄인으로서의 그의 백성들이 갖는 필요를 맡으십니다.

하나님은 예수님을 보내시지 않고도 그의 백성들의 다른 필요를 맡으실 수 있었습니다. 그는 구약시대에 그렇게 하셨습니다. 그리고 우리의 시대에도 계속해서 그렇게 하십니다. 그러나 **죄인**으로서 그의 백성들은 예수님이 필요합니다. 예수님 외에는 그 어떤 다른 길이 없기 때문입니다. 죄 값을 지불하기에 충분한 다른 방법은 십자가 외에 없습니다. 그리고 하나님도 예수

형태이다. 'Je'라는 첫 번째 글자는 '여호와'의 축소형이고, 이것은 "여호와는 구원이시다"라는 완전한 이름의 한 부분인 '구원'을 의미하는 히브리 이름과 연결되어 있다. 요수아는 여호수아의 더 큰 축소형이다. 그러므로 여호수아, 요수아, 예수는 모두 같은 이름이다. 이 이름들의 앞의 두 가지는 히브리 형태의 이름이고 맨 끝의 것은 헬라어 형태이다. 이 말은 히 4:8에서 요수아가 예수라고 불리운 이유를 설명해 준다.

님을 막지 않으셨습니다. 그는 우리를 너무나 사랑하시기 때문에 예수님을 보내셨습니다. 예수님은 하나님의 영광의 광채이시며, 그의 본체의 형상이십니다. 그의 피를 흘림으로 죄로부터 우리를 완전히 구원하시고 죄인인 우리의 필요가 언제까지나 계속적으로 나타나기 때문에, 죄인들을 하늘의 문으로 올려보내기 위하여 그는 부활하신 구세주로서 오셨습니다.

이제 우리는 말할 수 있습니다. **필요**가 있는 곳에 하나님이 계실 뿐만 아니라, **죄**가 있는 곳에 **예수님**께서 계시니, 이 얼마나 놀라운 광경입니까! 필요가 있는 곳에는 항상 비난을 받아 마땅한 것이 있는 것이 아닙니다. 우리는 하나님께서 인간의 필요에 의하여 행하시고 주관하시는 일을 이해할 수 있습니다.

인간의 죄? **인간의 죄**는 하나님의 심판을 불러일으킬 뿐입니다. 하지만 하나님 되심과 예수님 되심과 은혜의 본질 때문에, 죄가 있는 곳에 항상 **예수님**이 계신다는 것은 영광스러운 진리입니다. 그러나 인간의 죄성은 죄를 용서받으려는 그리고 죄가 원인이 된 모든 충격들을 회복하려는 노력을 하지 않는 것입니다. 예수님은 인간의 타락에 충격을 받지 않으십니다. 오히려 그 죄를 어떻게 해결하셔야 하는지 분명히 아십니다. 예수님 안에 그리고 그의 피를 통해 모든 대답이 있기 때문입니다!

그러므로 우리가 예수님에 대해서 생각할 때마다 우리는 그분이 오시는 것은 우리의 죄의 잘못된 행위에 의해서만 요구되는 것임을 생각해야 합니다. 그는 죄에 대한 첫 번째이자 마지막 대답이십니다. 그러나 하나님은 우리의 죄에 대답하기 위하여 그를 보내어 주심으로 우리의 모든 다른 필요, 즉 영적, 도덕적, 물질적인 필요들에 대한 대답으로서 또한 그를 보내셨습니다.

> 자기 아들을 아끼지 아니하시고 우리 모든 사람을 위하여 내어주신 이가 어찌 그 아들과 함께 모든 것을 우리에게 은사로 주지 아니하시겠느뇨?(롬 8:32)

그러므로 예수님은 그 자신 속에 여호와의 이름과 합성된 이름들의 모든 구약적 의미들을 취하셨습니다. 그리고 그 이름들의 의미를 그가 가지신 마지막 합성된 이름인 예수(JESUS), 즉 내가 너희의 구원이라고 하는 의미의 이름 속에서 성취하시고 그 의미들을 내포하게 하셨습니다.

바로 이러한 이유 때문입니다. 우리 자신이 죄인임을 알고 오랜 세월 신앙생활을 해왔을지라도, 단순히 이론적인 방법이 아니라 성령님의 특별한 확신 속에서 행해야 합니다. 앞으로 계속될 페이지들 속에서 우리는 이와 같은 주제로 계속 반복하여 돌아가게 될 것입니다. 우리 자신을 죄인으로서 보는 것을 떠나서는 예수님 안에서 우리가 바랄 아무런 아름다움도 발견하지 못할 것입니다(사 53:2). 예수님만의 죄의 해결책입니다. "너 자신을 죄인으로 아는 것이 구원의 시작이다"라고 성 어거스틴은 말했는데, 우리는 그의 말에 다음과 같이 덧붙일 수 있습니다. "우리 자신을 죄인으로 알기를 계속하는 것이 구원의 연속이다." 수년 동안 기독교 가르침을 받고 난 후에 자신의 죄를 깨달은 한 아프리카 사람은 간증했습니다.

> 나는 내가 나의 죄를 통해서 그를 보기까지 결코 예수님을 보지 못한다.

"우리는 예수님을 뵙기 원합니다." 이것이 우리의 주제입니다. 예수님을 바라보는 것은 단순히 그에 대한 객관적인 지식을 갖고자 하는 것은 아닙니다. 그것은 어떤 면에서 주관적이며 체험적입니다. 하나님을 바라보는 것은 믿음으로 내가 죄인임을 알고, 실패자이며 가난에 상처받은 연약한 자임을 아는 것입니다. 그리고 바로 이 순간 그가 나에게 오시도록 나를 맡기는 것이 그분을 바라보는 것입니다.

예수님을 보기 위해 찾는 것은 이기적인 것이 결코 아닙니다!

죄인인 나에게 필요한 것은 그분 안에 있습니다. 그리고 이것이 진실로 그가 나에게 보여주시고 알려주시는 것입니다.

> 예수 그리스도만이 나의 모든 필요 되시네.
> 그분만이 나의 모든 필요 되시네.
> 그분만이 나의 모든 이유 되시네.
>
> 지금 이 순간 그분 안에서
> 지혜와 의로움과 능력과 거룩함과 나의 구원은
> 완전하며 확실하네.
> 그분만이 나의 모든 필요 되시네.

진리이신 예수님을 바라보라

4장

  우리는 감사한 마음을 가지고 의심 없이 예수 그리스도께서 우리의 모든 필요가 되심을 살펴보았습니다. 그러면 무엇이 우리의 첫째되며 근본적인 필요입니까? 그것은 바로 **진리를 아는 것**입니다. 즉 우리 자신과 하나님에 대해서 아는 것입니다. 우리가 이를 알기 전에는 환상의 영역에 살고 있는 것이며, 은혜의 말씀에 둔감한 상태에 있게 됩니다. 하지만 이런 상태는 우리에게 마땅하지 않습니다. 우리 자신과 하나님에 대한 진리를 깨닫고 우리가 그동안 살아온 환상을 벗어버릴 때 부흥은 시작됩니다. 그리스도인으로서 이는 잃어버린 자의 구원이기 때문입니다. 우리 자신에 대한 진리를 깨닫고 모든 도전들에 대해서 충분한 대답을 해줄 수 있기 전에는 예수 그리스도 안에 있는 하나님의 영광을 볼 수 없습니다.

'진리'라는 말은 중요한 단어입니다. 특히 사도 요한의 글 속에서 그러합니다. 사도 요한은 그의 글 속에서 이 단어를 많이 사용했습니다. 요한복음과 세 권의 요한서신서들 가운데에서 열쇠가 되는 중요한 단어로 42번 정도 나옵니다.

요한은 진리를 거짓, 특히 사탄의 거짓과 대조시켜 놓습니다. 요한은 사탄이 거짓말쟁이라고 말합니다.

> 진리가 그 속에 없으므로 진리에 서지 못하고 거짓을 말할 때마다 제 것으로 말하나니 이는 저가 거짓말쟁이요 거짓의 아비가 되었음이니라(요 8:44).

이 본문은 요한이 사용한 진리라는 단어의 의미를 우리에게 가르쳐줍니다. 그것은 기독교 교리의 본질적 의미에서의 진리를 말하는 것이 아니라, 정직과 실제적인 계시의 의미에서 진리를 말하고 있습니다.

사탄의 가장 큰 무기 중 하나는 거짓 선전입니다. 그가 사람들을 불순종하게끔 만드는 데 사용하는 방법입니다. 그는 에덴 동산에서 사람의 주변에 거짓의 피륙을 짰으며, 지금까지도 같은 악을 계속해서 행하고 있습니다. 그는 사람들에게 그의 죄된 위험한 위치에 관하여 거짓말을 늘어 놓았습니다. 그는 말하기를 "너는 결코 죽지 아니하리라"(창 3:4), 즉 "괜찮다. 걱정할 것 없다. 너는 형벌을 받지 않고 그 과일을 먹을 수 있을 것이다"라고 말했습니다. 그는 사람에게 그 나무에 대해서 하나님이 금하신 동기를 하나님의 탓으로 돌리며 설명했고, 하나님에 대해서도 역시 거짓을 말했습니다.

> **너희가 그것을 먹는 날에는 너의 눈이 밝아 하나님과 같이 되어 선악을 알 줄을 하나님이 아심이니라**(창 3:5).

그는 "하나님은 너희가 그 자신과 같은 신(a god)이 되는 것을 원치 않으신다. 그는 너를 낮추시고 계신다"라고 말했습니다. 그는 사람에게 아첨하고 하나님을 헐뜯었습니다. 여기서 비극은 사람이 그것을 믿었다는 것이고, 그렇게 행동함으로 우리가 알고 있는 모든 비극적인 결과들을 초래했다는 사실입니다.

사탄은 오늘날에도 우리에게 여전히 그의 거짓의 피륙을 짜고 있습니다. 그는 여전히 우리에게 말하기를, 우리는 선한 사람이고 헌신적인 그리스도인들이며 우리의 생활 속에는 걱정될 것이 아무것도 없다고 말합니다. 그리고 여전히 우리에게 속삭이기를, 하나님은 우리를 사랑하시지 않으며 우리를 존중하지 않는 분이시고 완전히 거룩한 분도 아니시며 적당한 선에서 타협도 하시는 분이라고 말합니다. 비극적인 일은 우리가 그 말들을 여전히 믿는다는 것입니다. 그 결과 이러한 비극의 실제성을 보는 눈을 잃어버리고, 우리 자신들에 대한 완전한 착각 속에서 살게 되는 것입니다.

그러나 우리는 모든 것을 사탄의 탓으로만 돌리고 사탄만을 욕할 수도 없습니다. 그는 우리의 마음과 밀접함을 가지고 있습니다. 요한일서 1장에서 우리는 우리 자신들에 대한 이런 환상의 세계를 세우는 세 단계를 볼 수 있습니다.

첫 번째 단계는 6절의 "우리는 거짓말하고 진리를 행치 아니함이거니와"입니다. 다른 말로, 우리는 우리 자신들에 대해서 진리가 아닌 인상을 준다는 말입니다.

비록 우리가 거짓말을 하지 않았다고 할지라도 우리는 거짓을 행합니다. 우리 중 몇몇은 실제로 가면을 쓰고 연극공연을 하는 것처럼 오랫동안 살아왔을 것입니다.

악을 행하는 자마다 빛을 미워하여 빛으로 오지 아니하나니 이는 그 행위가 드러날까 함이요(요 3:20).

우리 자신들에 대하여 볼 때 거기에는 우리가 숨기기를 원하는 많은 일들이 있는 것입니다.

두 번째 단계는 8절입니다. "스스로 속이고 또 진리가 우리 속에 있지 아니할 것이요"입니다. 이것은 우리가 거짓을 너무나 오랫동안 행했기 때문에 우리가 우리 자신의 거짓말을 사실로 믿게되었다는 것을 뜻합니다. 우리는 다른 사람들을 속이는 것을 시작으로 우리 자신을 속이는데까지 이릅니다. 그리고 결국에는 정말로 우리가 우리 자신에 대해 아무런 염려를 할 필요가 없는 사람인 것처럼 믿게 됩니다. 우리는 정말로 우리가 "어떤 사람에게도 아무런 해를 끼치지 않은" 사람이며, 교만함과 질투는 다른 사람들이나 갖고 있는 것으로 믿게 됩니다. 그리고 더 나아가서 자신이 정말로 주께 헌신적인 사람인 것처럼 확신하게 됩니다.

바리새인들은 하나님께 그들이 다른 사람들과 같지 않고 진리를 말하는 정직한 생각을 갖고 있음에 감사했습니다. 그러나 실상은 전혀 달랐습니다. 바리새인들은 탐욕이 많고 공정하지 못했으며 모든 다른 사람들처럼 음란했습니다. 그러나 그들의 마음이 그들 스스로를 속이고 있었던 것입니다. 그들은 우리와 마찬가지로 착각 속에서 살고 있었습니다.

세 번째 단계는 10절에서 볼 수 있습니다. "하나님을 거짓말하는 자로 만드는 것이니"입니다. 하나님께서 우리의 죄와 우리 자신의 실제 모습을 보여 주시려고 오실 때, 우리가 자동적으로 "주님! 그렇게 하시면 안 됩니다"라고 말하는 것입니다. 하나님이 틀리셨다고 느끼는 것입니다. 하나님은 사람의 잘못을 지적하십니다. 물론 우리 모두 이론적으로 죄인들임을 인정합니다. 하지만 하나님께서는 우리 가까이 오십니다. 그리고 말씀으로나 신실한 친구들의 충고를 통해서 우리의 마음이 "만물보다 거짓되고 심히 부패"(렘 17:9)했다는 것을 보여 주시고, 우리가 스스로 바르게 볼 수 없는 면들을 보여주십니다. 하나님께서 우리가 죄지었다고 말씀하실 때에 우리가 죄짓지 않았다고 말하는 것은 그분을 거짓말쟁이로 만드는 것입니다. 이것이 어두움의 종말이며, 그때에는 하나님께서 우리를 위해 더 이상 아무것도 해주실 수 없는 상태에 이르게 됩니다. 우리는 하나님께 낯선 자가 되는 것뿐만 아니라 우리 자신에게도 낯선 자가 됩니다. 따라서 우리의 첫째 되고 근본적인 필요는 우리 자신에 대하여 아는 것이며, 하나님이 보여주시는 진리를 아는 것입니다.

그렇기 때문에 "나는…진리이다"(요 14:6)라고 말씀하신 예수 그리스도가 우리의 모든 필요가 되십니다. 예수님이 여기서 말씀하신 것은 예수님 자신과는 별개의 문제인 진리를 가르치시는 말씀이 아닙니다. 예수님 바로 그분 자신이 진리시라는 사실을 이해하는 것이 우리에게 매우 중요합니다. 그러므로 진실하게 그를 바라보는 것은 진리를 바라보는 것입니다. 만약 우리가 "어디에서 진리이신 예수님을 만나 볼 수 있는가?"라는 질문을 받게 된다면, 우리는 먼저 갈보리의 십자가를 그 대답으로 제시할 것입니다. 십자가에서 우리는 죄에 대하여, 사람에 대하여, 하나님에 대하여 예수님이 반드시 행하셨어야만 했던 못 박힘의 진리를 보게 되는 것입니다. 이렇게 하나님의 풍성하시고 따뜻한 은혜를 사람들에게 나타내 보이시는 장면은 동시에 사람의 존재 의미를 알게하는 분명한 진리를 보여줍니다. 만약 은혜가 갈보리의 십자가를 통해서 나왔다면, "은혜와 진리는 예수 그리스도로 말미암아 온 것이라"(요 1:17)는 말씀은 진리인 것입니다.

이제 고통과 슬픔에 대해서 살펴보겠습니다. 의사와 관련해서 이를 생각해 보면 모든 것이 잘 설명됩니다. 이것은 질병을 앓고 있는 환자가 자신의 질병의 심각함을 처음 배우게 되는 것과 같습니다. 또는 범죄를 저지르고도 대수롭지 않게 생각하던 사람이 자신과 똑같은 범죄를 저지른 사람에게 적용된 엄격한 고소문을 읽음으로써, 자신의 범죄가 얼마나 심각하며 그 죄에 대한 법적 대응이 얼마나 엄격한지를 알게 되는 것과 같습니다. 또한 불량한 아들이 방탕한 생활을 하다가 결국에 합당한 대가를 심판받게 되는 것을 바라보는 어머니의 슬픔과 고통과도 같은 것입니다.

같은 맥락에서 예수님은 십자가에서 이렇게 말씀하셨습니다.

너희들의 부끄러운 상태를 보라.
내가 너희를 위하여 감당한 것을 보라.

거룩하신 분이신 예수님이 우리 대신에 그 고통을 감당하실 때에 성부의 정죄와 그의 고통의 시간 속에서 무관심한 채로 버려지셔야 하셨다면, 우리가 그 심판을 당하게 되었다면 그 심판의 정도가 얼마나 처절했겠습니까!

예수님이 "죄 많은 육신의 모습"(롬 8:3)이 되셨다고 성경은 말합니다. 이는 예수님이 우리와 같은 모습을 하고 거기에 계셨다는 것을 뜻합니다. 그러나 만약 그 순간 그가 우리와 같은 모습을 하시고, "나의 하나님, 나의 하나님, 어찌하여 나를 버리셨나이까?"(마 27:46)라고 외치셔야만 했다면, 하나님은 그를 통하여 우리를 보신 것이 아니겠습니까? 분명히 하나님이 아들을 아들로서 버리지 않으셨습니다. 그는 **우리로서** 육신의 모습을 입고 있는 아들을 버리셨던 것입니다.

어떤 모형은 그 진짜의 모습을 표현한 것입니다. 하나님의 진노 아래 고통당하고 있는 그 버림받은 모습은 우리의 가장 악한 것은 물론 가장 선한 모습까지도 포함한 우리 자신의 모든 모습입니다. 우리 앞에 놓여진 모든 것은 그리스도인이나 비그리스도인 모두에게 못 박힌 진리입니다. 만약 내가 어떤 곳에서도 하나님의 사랑과 그 척도를 알 수가 없었다 할지라도, 바로 십자가에서 그것을 알 수 있게 됩니다. 바로 그 행동, 진리, 고통, 비천해지심이 우리 자신들에 대한 모든 헛된 착각들을 떨어버리기에 충분할 만큼 예수 그리스도로부터 왔던 것입니다.

그러나 우리 자신에 대한 진리만이 예수 그리스도로부터 온 것은 아닙니다. 하나님과 우리를 향한 그의 사랑의 진리도 예수 그리스도로부터 왔습니다. 우리에게 남겨진 우리의 죄 많은 양심은 항상 말하기를 하나님은 우리를 대적하시며, 그는 커다란 몽둥이를 들고 계시는 분이라고 합니다. 우리는 하나님을 단지 우리에게 너무나 높은 도덕적 기준들을 세워놓으시고 따라가지 못할 때에는 책망하시는 분으로 생각합니다. 그러나 하나님은 전혀 그렇지 않으십니다. 오직 주 예수님의 십자가가 이 모든 것이 거짓임을 보여 주며 하나님을 실제의 모습 그대로 우리에게 보여 주시고 계십니다.

우리는 우리의 죄로 인하여 벌하시는 하나님을 생각합니다. 그러나 우리를 위해 그의 아들을 벌하시는 하나님을 봅니다.

> 이는 하나님께서 그리스도 안에 계시사 세상을 자기와 화목하게 하시며 **저희의 죄를 저희에게 돌리지 아니하시고**(고후 5:19).

우리가 생각했던 커다란 몽둥이가 실제로는 우리를 그에게로 돌아오라고 손짓하는 사랑으로 내어 뻗은 그의 팔인 것입니다. 우리로 인하여 상처를 입은 예수 그리스도의 얼굴 속에서 우리는 하나님이 죄인을 대적하는 분이 아니시며, 오히려 죄인의 적이 아닌 우리를 위하시는 우리의 친구이심을 보게 됩니다. 예수 그리스도 안에서 새롭게 받아들일 수 없는 기준들을 세우신 것이 아니라, 모든 기준에서 떨어지고 탈락한 사람들에게 새 생명과 평화와 용서를 주시기 위해서 오셨던 분이심을 보게 됩니다.

> 율법은 모세로 말미암아 주신 것이요, 은혜와 진리는 예수 그리스도로 말미암아 온 것이라(요 1:17).

어떤 작가는 이를 "십자가의 놀라운 관용성"이라고 불렀습니다. 그것은 우리의 죄 많은 양심을 놀라게 할 뿐 아니라, 우리를 회개케 하고 그분께로 돌아가게끔 만듭니다. 그리고 긍휼 밖에는 아무것도 우리를 기다리는 것이 없음을 가르쳐 주면서, 우리를 녹이고 그분께로 이끌고 갑니다.

구약성경만큼이나 그 속에 풍성한 의식(ritual)과 역사를 간직하고 있으며, 영적인 진리에 대하여 잘 설명해 주는 것은 없습니다. 참으로 많은 의식의 부분이 훗날 신약성경에 나타날 진리에 대한 설명입니다. 우리는 그러한 설명들을 사용함에 있어서 너무 공상적이거나 비약하여 생각해서는 안 됩니다. 왜냐하면 신약성경도 수많은 경우에 있어서 그와 같은 일을 하고 있기 때문입니다.

히브리서 13:11-13은 그러한 구약성경의 예화를 신약성경을 통해 예수 그리스도를 우리에게 보여 주기 위해서 사용합니다.

> 이는 죄를 위한 짐승의 피는 대제사장이 가지고 성소에 들어가고 그 육체는 영문 밖에서 불사름이니라 그러므로 예수도 자기 피로써 백성을 거룩케 하려고 성문 밖에서 고난을 받으셨느니라 그런즉 우리는 그 능욕을 지고 영문 밖으로 그에게 나아가자(히 13:11-13).

사도 바울이 히브리 그리스도인들에게 쓴 '영문 밖'은 과연 무엇을 의미하는 것입니까? 그들은 이스라엘 백성이 광야에 있었던 날들을 회상했을 것입니다. 중앙에 성스러운 제단이 놓여 있는 거대하고 질서가 잘 잡힌 야영진지를 생각했던 것입니다. 잘 정제된 진지 주위는 모두에게 '영문 밖'으로 알려져 아무도 소유할 수 없었으며, 그 장소는 특정 사람들에게만 복속된 땅으로 인식되어 있었습니다.

영문 밖은 이방인들이 사는 곳이었습니다. 이방인들은 "이스라엘 나라 밖의 사람이며 약속의 언약들에 대하여 외인"(엡 2:12)이었습니다. 그들은 정상적으로 영문 안에서 사는 것이 허락되지 않았습니다. 또한 영문 밖은 문둥이들의 거처였습니다. 그 무서운 질병의 전염성 때문에 그들은 영문 밖으로 쫓겨났으며, 다른 사람들에게는 허락된 모든 기쁨으로부터 추방되고 버림을 받았습니다. 또한 영문 밖은 범죄자와 율법 파괴자들을 처형하는 무서운 장소였습니다. 모세의 율법에 따라 간음한 자, 안식일을 거룩히 지키지 않은 자, 우상숭배자, 돌로 사람을 죽인 자들은 죽음의 형벌을 받았습니다. 영문 밖은 그러한 일을 행하는 곳이었습니다.

이 본문에서 사도 바울은 우리에게 그 장소에서 일어난 가장 소름끼치는 이야기를 말해 주고 있을 것입니다. 영문 밖의 짐승들의 피는 거룩한 성소에서 죄를 위하여 뿌려지고 사체는 불살라졌습니다. 짐승의 피는 그 희생제물을 내어놓은 사람의 피와 상징적으로 대체된 것이었고, 짐승의 사체는 하나님과 사람에게 싫어버린 바 된 죄로 저주받은 찌꺼기로서 태워졌습니다. 날마다 영문 밖에서는 연기가 피어올랐고, 그 악취는 모든 곳에 퍼졌습니다. 이렇듯 영문 밖은 즐거운 곳이 아니었습니다. 그곳은 이방인과 문둥이와 범죄자와 죄로 저주받은 찌꺼기들의 장소였으므로 사람들에게 버림을 받은 장소였습니다.

그럼에도 불구하고 성경은 우리에게 그 장소를 영적인 의미로 해석하여, 주 예수께서 그 자신의 피로 백성들을 성별케 하시고자 십자가를 지시고 나아가셨다고 가르쳐주고 있습니다. 그가 십자가에 못 박힌 장소는 '해골의 장소'(마 27:33)라고 불렸는데, 영문 밖과 관계를 가지고 있는 기분 나쁘고 쓸쓸한 이름의 장소였습니다. 그러나 그가 나아가신 장소는 우리의 장소라고 복음은 말하고 있으며, 우리는 자주 "내가 설자리에 계셨네!"라고 말했습니다. 그러나 그가 우리를 위하여 차지하셨던 바로 그 장소에 대하여 자세히 살펴보면, 다른 장소에서 볼 수 없었던 하나님 앞에서 우리의 실제 모습과 위치를 보고 충격을 받게 됩니다.

무엇보다도 예수님은 낯설고 그의 아버지에게서조차 따돌림을 받은 그 장소에 우리를 위하여 나가셨습니다. 거기에서 십자가에 매달리시면서 그는 "나의 하나님 나의 하나님, 어찌하여 나를 버리시나이까?"라고 외쳤습니다. 죄는 죄인이 하나님을 잊어버림으로 시작되는 것입니다. 그러나 그 궁극적인 형벌에는 하나님이 죄인을 잃어버리시는 것이고, 남은 것은 지옥 밖에 없습니다. 그곳으로 예수님은 십자가에 나아가신 것이며, 그 장소에서 하나님은 그를 버리셨던 것입니다. 그곳은 원래 우리의 자리였기 때문에 그분은 그렇게 하신 것입니다.

우리의 저주를 예수님이 당하셨습니다. 우리의 하나님으로부터 버림받음을 예수님이 받으셨습니다. 이는 모두 피할 수 없는 것이었습니다. 예수님이 우리의 자리에 대신 서신 그 순간, 하나님은 그를 버리셨습니다. 그렇다면 하나님 앞에 우리가 진정으로 설 곳은 어디입니까? 그리고 하나님 앞에서 죽을 수밖에 없는 상태에 놓여 있던 우리에게 갈보리로부터 비춰는 진정한 빛은 무엇입니까? 또한 예수님은 마치 그가 그러셨던 것처럼 우리의 도의적 문둥병을 취하셨습니다.

성경은 다음과 같이 묘사하고 있습니다.

> 그는 징벌을 받아서 하나님께 맞으며(stricken) 고난을 당한다 하였노라(사 53:4).

히브리 학자들은 '맞는다'라는 표현이 '문둥병에 걸린다'라는 의미를 갖는 표현이라고 설명했습니다. 성경의 모든 부분에서 문둥병은 죄의 대가로 설명됩니다. 그것은 민감한 질병입니다. 작은 부위의 적은 고통으로 시작하여 결국에는 일그러진 괴물과 같은 모습으로 견딜 수 없는 큰 고통을 맛보게 되고, 결국에는 죽는 병입니다. 문둥병을 우리 삶과 연관지어 봅시다. 작은 죄로 시작해서 마지막에 이르러서는 사람에게서 도저히 찾아볼 수 없는 모습으로 변하여 하나님으로부터의 영원한 분리를 맛보게 됩니다. 그러니 우리가 다른 사람에게 '도의적 문둥병 환자'라고 부르는 것이 얼마나 경멸적인 말입니까! 바로 그것이 주님께서 우리를 위하여 자발적으로 취하신 위치이며, 도의적 문둥병 환자가 되는 것이고, 하나님의 눈 앞에 도저히 설 수 없는 흉칙한 모습을 갖는 것이었습니다.

당신은 이렇게 물을 것입니다. 왜 예수님은 그토록 비천한 자리를 감당하셔야 했습니까? 우리의 비참한 모습을 보시고 우리를 구원하기 원하신 예수님은, 그 비천한 자리를 감당하셔야 했음을 알고 계셨기 때문입니다. 그러므로 도의적 문둥이로서 영문 밖 십자가에 달리신 예수님은 바로 나의 모습인 것입니다. 만약 내가 다른 길에 서 있다는 것을 몰랐다면, 예수님이 나를 위해 감당하셔야만 했던 그 자리를 바라보며 깨닫게 되었을 것입니다.

얼마나 불결하고 비도덕적이고 타락한 오점들이 오늘날에도 살아 움직이고 있으며, 또한 얼마나 면밀하게 그것들은 잘 감추고 있습니까! 그러나 예수님께서 우리를 위하여 감당하셨던 바로 그 장소에서 모든 사람들 앞에, 십자가 위에서 명백히 이 모든 죄가 들어났습니다! 그리고 우리의 모든 죄는 다른 사람들의 결과보다 심각하지 않다고 생각할지라도, 갈보리는 그 모든 죄의 본질과 씨앗이 우리 안에 있다고 선포합니다. 그래서 그분은 범죄자들이 돌로 죽임을 당하는 그 장소의 영적인 상태로 나가셨던 것입니다. 유대인들은 빌라도에게 "이 사람이 행악자가 아니었더면 우리가 당신에게 넘기지 아니하였겠나이다"(요 18:30)라고 말했습니다.

예수님은 아무런 치욕스러울 것이 없는 침대 위에서 돌아가시지 않으셨습니다. 그는 십자가 위에서 죽으셨습니다. 그 십자가는 특별한 치욕거리가 되는 징계의 모습이었습니다. 십자가는 오직 죄인들에게만 사용되는 형벌이었기 때문입니다. 실제로 그의 양 옆에는 죄수들이 있었습니다. 모든 사람들은 예수님도 역시 그중의 한 사람이려니 생각했습니다. 그들은 그분이 "하나님께 맞으며 고난을 당한다"라고 생각했으며, 마땅히 당해야 하는 고통을 당하고 있다고 생각했습니다. 그들은 예수님으로부터 낯을 피하였습니다. 그런데 놀라운 것은 그분이 결코 그들을 나무라시지 않으셨다는 사실입니다.

그는 우리가 하는 것처럼 "제발, 오! 제발! 내가 나의 행위 때문에 여기에 와 있는 것처럼 나를 생각하지 마시오. 나는 다른 사람들의 죄를 위하여 여기에 와 있는 것입니다"라고 말씀하시지 않으셨습니다. 대신 그는 침묵하셨습니다. 그분은 그들로 하여금 그가 진짜로 죄인인 것처럼 생각하도록 만드셨습니다. 그는 "범죄자 중 하나로 헤아림을 받게"(사 53:12) 내버려 두셨고, 그와 같이 죽으시도록 하셨습니다. 왜냐하면 그는 그 자리가 우리의 자리였던 것을 보시고, 우리를 위하여 대신 감당하시기로 하셨기 때문입니다. 성경은 우리에게 근본적으로 하나님의 눈앞에서 우리 모두가 죄인이라 말합니다. 성경은 "누구든지 그의 형제를 미워하는 자마다 살인하는 자니라"(요일 3:15)고 말합니다.

나의 형제를 위한 진실한 사랑이 없다면 그것은 미움이고, 미움은 곧 살인입니다. 또 다른 성경 본문에서는 "여자를 보고 음욕을 품는 자마다 마음에 이미 간음하였느니라"(마 5:28)고 했습니다. 하나님 보시기에 음탕한 생각은 이미 행동한 것과 같과 같다고 말합니다. 그러나 비록 성경이 이러한 것들에 대하여 우리에게 말씀해 주지 않았다 하더라도 우리는 이 말이 옳다는 것을 알고 있습니다. 우리의 죄악은 갈보리에서 우리를 위하여 죽으신 예수님에 의하여 세상에 명백하게 드러났습니다.

그러나 무엇보다도 예수님은 희생제물이 된 짐승이 태워지듯

4장 진리이신 예수님을 바라보라　**79**

이, 수많은 죄로 저주받은 찌꺼기와 같은 과정으로 영문 밖으로 이끌려지셨습니다. 어떤 말로도 주님께서 십자가 위에서 우리에게 내려주신 도덕적 깊이를 표현할 수 없습니다. 그분은 그곳에서 수많은 죄로 저주받은 찌꺼기처럼 죽으셨으며, 오직 그 죄로 저주받은 찌꺼기 때문에 우리가 하나님 앞에 나아가게 되었다고 말하는 것은 결코 과언이 아닙니다. 그분의 복된 몸으로 우리 죄의 연기와 냄새가 올라간 것입니다.

여러분과 저는 서로에게 신실한 그리스도인으로서의 모습을 보이고 있을지도 모릅니다. 그러나 십자가 앞에서 우리는 결코 그런 사람이 아니라는 것을 고백하게 됩니다. 갈보리에서 못 박힌 진리는 항상 십자가 위에서 우리를 내려다보시며 겉치레 없이 진리에 거하도록 우리를 가르치십니다. 이것이 갈보리가 우리에게 보여 주는 것입니다. 갈보리는 우리의 옛 상태에 대한 그림이 아니라 현재의 우리의 그림인 것입니다. 우리가 얼마나 오랫동안 그리스도인이었든지 간에, 혹은 우리가 스스로를 얼마나 성숙한 존재로 생각하든지 간에 상관없이, 갈보리는 오늘의 죄를 우리에게 보여주기 위해서 새롭게 서 있습니다.

죄란 말미잘과 같습니다. 말미잘은 모든 곳에 촉수를 가지고 있습니다. 그 촉수는 수천 가지의 생명과 모양을 가졌으며 계속해서 그 모양을 변화시킴으로 사로잡힘을 면합니다. 만약 우리가 죄의 모든 민감한 모양과 형태를 보고, 우리를 구원하시는 주님의 능력을 증명하려면 우리는 매일 다음과 같이 기도할 필요가 있습니다.

> 주님께서 돌아가신 십자가에서
> 나를 깨뜨려 주옵시고
> 내가 그 십자가를 보도록 이끌어 주옵소서.

오직 십자가에서만 죄인인 우리의 필요와 예수님의 필요성을 알게 됩니다.

우리 자신과 하나님에 대한 이 모든 진리의 계시에 대해 우리는 어떻게 응답해야 합니까? 하나님께서 우리에게 요구하시는 대답은 우리가 일반적으로 생각하는 것과 매우 다릅니다. 이는 요한복음 3:20-21에 잘 나타나 있으며, 이렇게 시작합니다.

> 악을 행하는 자마다 빛을 미워하여 빛으로 오지 아니하나니
> 이는 그 행위가 드러날까 함이요(요 3:20).

이 말은 죄를 숨길 때 우리는 빛을 보게 되는데, 그 빛은 우리의 죄를 드러나게 하는 빛이라는 것입니다.

그리고 이렇게 이어갑니다.

> 진리를 좇는 자는 빛으로 오나니 이는 그 행위가 하나님 안에서 행한 것임을 나타내려 함이라(요 3:21).

우리는 다음과 같이 생각할 수 있습니다. "**악**을 행하는 자는 빛을 미워하고 선을 행하는 자는 빛을 따라온다." 분명히 악을 행하는 것의 반대는 선을 행하는 것입니다! 하지만 이 둘을 대조하는 것이 이 말씀의 의도는 아닙니다. 하나님이 말씀하신 것은 **진리**를 행하는 자는 빛으로 온다는 것입니다. 하나님께서 우리에게 악을 내려놓고 선택하라 하신 것은 선행이 아닌, **진리**를 행하라는 것입니다. 그것은 우리의 죄를 정직하게 보라는 의미입니다. 하나님은 단번에 우리가 악을 행하던 곳에서 선행을 행하도록 노력하고, 친절하지 않았던 곳에서 친절하도록 노력하며, 비판적이었던 곳에서 온유하게 되도록 노력하라고 하시지 않습니다.

우리는 지금까지 우리가 해오던 것처럼 회개하지 않고 마음에 정결함과 진정한 평화 없이 살아갈 수도 있습니다. 하지만 하나님께서 우리에게 가장 먼저 요구하시는 것은 진리입니다. 즉 숨김없고 진실된 회개와 죄에 대한 고백입니다. 회개와 죄의 고백은 우리를 예수님의 십자가를 통해 용서받을 수 있도록 인도합니다. 그리고 필연적인 결과로서, 우리가 우리에게 잘못을 저지른 다른 사람을 용서하기 위하여 나아가게 될 것입니다. 우리가 겸손한 참됨의 자리에 서 있을 때, 우리는 하나님과 그리고 사람들과 진정한 평화를 누릴 것입니다. 우리를 대신해서 십자가에서 이루신 일 이전에는 찾을 수 없었던 새로운 모습을 찾게 되기 때문입니다.

'선한 행동'을 찾아볼 수 없는 세상에서 우리가 죄에 대해 숨김없는 정직한 자세를 갖는 것은 그리스도의 피를 통한 사랑으로 하나님 앞에 우리를 바로 세워 줄 것입니다. 이제 예수가 진리로 오심을 환영합시다. 그리고 그분이 우리에게 보여 주시는 가장 우선적인 것부터 시작해 봅시다. 예수님이 보여 주시는 것은 어쩌면 지금 이 책을 읽음으로써 마음속에 생기게 되는 것일지도 모릅니다. 빛에 대한 여러분의 순종의 반응은 죄로부터 멀어지고 더욱더 빛에 가깝게 나아가는 것입니다. 그분은 우리가 가질 수 없었던 우리 자신에 대한 것을 한 순간에 모두 보여주시지는 않습니다.

그러나 보다 점진적으로 행하시기 때문에 진리 앞에 엎드러지는 모든 행동은 우리 자신에 대한 보다 원대한 계시로 우리를 이끌어 나갑니다. 고통스러운 진리를 말하고 있는 십자가의 사건은 죄인을 향한 구원이며 우리에게 죄를 식별할 수 있는 새로운 준비를 할 수 있도록 합니다. 만약 내가 완전히 고칠 수 없는 병에 걸린 것을 알게 된다면, 그 병으로 고통당하고 있음을 말하길 견뎌야 합니다. 나의 죄와 더러움을 씻을 수 있는 샘이 있다면, 나 자신과 나의 죄를 대면할 수 있습니다. 그리고 무엇보다도 멋진 사실은 우리가 진리이신 주님을 사랑할 때, 그 어떤 관계에서도 볼 수 없는 그분의 고귀함을 발견하게 될 것입니다.

진리로서 오신 그분을 두려움의 존재로 인식하는 것은 오직 우리의 어둡고 사악한 마음에 의한 것뿐입니다. 예수님은 우리가 주님을 두려워하지 않길 원하십니다. 오히려 예수님을 영접하길 바라십니다. 예수님은 "우리를 모든 진리에로 인도"하시기 위해 세 번이나 '진리의 성령'으로 불리신 성령님을 우리에게 보내주셨습니다. 그래서 우리는 안전하게 우리의 두 손을 그의 성령님께 맡기고 이렇게 고백할 수 있습니다.

> 주여, 나에게 당신께서 보시는 모든 것을 보여 주시옵소서. 당신께서 나에게서 보시고자 원하시는 모든 것을 보여 주시옵소서. 저는 그것을 받아들일 것입니다. 저는 저 자신을 방어하거나 논박하지 않겠습니다. 단지 당신께서 말씀하시는 것이 진리인 줄 알겠습니다.

5장

문이신 예수님을 바라보라

이제 우리는 위대한 진리이신 예수님을 바라봄으로 예수님의 또 다른 면을 볼 수 있도록 준비했습니다. 이는 범죄한 심령에게 성령께서 간절히 주시길 원하는 **문**이신 예수님의 모습입니다.

우리가 가지고 있었던 **우리 자신**의 모습은 범죄한 심령이 거룩하신 하나님으로부터 철저하게 분리됨을 느끼게 합니다. 만약 그것이 항상 우리가 그렇듯이 오랫동안 눈이 멀어 보지 못했던 죄악들이라면, 하나님이 우리에게서 매우 멀리 계시는 것처럼 보이거나, 우리 마음이 냉담해지거나, 그리스도인으로서의 우리의 예배가 냉랭해지고 딱딱해지는 것은 별로 이상한 일이 아닙니다. 이럴 때에 우리의 교제와 교회생활 속에 자리 잡고 있는 죽음의 원인에 대해서 더 깊게 들여다 볼 필요가 없게 됩니다. 죄로 인해 멀어진 관계와 연약성을 보게 된 사람은 하나님께 어떻게 나아갈 수 있는지를 찾게 됩니다.

여기서 예수님은 우리에게 꼭 필요한 분으로서 그 자신을 내어놓으시고, 또 다른 위대한 말씀을 가지고 우리와 대면하십니다.

> 내가 문이니 누구든지 나로 말미암아 들어가면 구원을 얻고 (요 10:9).

진리를 바라보고 문을 찾을 필요를 외면한다면, 이는 예수님을 왜곡된 진리와 문으로 바라보는 것입니다. 그는 부흥을 위한 문이시며, 모든 성도의 축복의 문이시고, 잃어버린 자를 위한 구원의 문이시며, 가장 거룩한 자들에게 뿐만 아니라 가장 약하고 실패한 자들에게도 열려 있는 문이십니다.

예수님은 하나님과 우리 사이에 있는 장애물이나 담벼락을 전제하고 말씀하신 문입니다. 참으로 사실입니다. 우리 중 누가 이 장애물을 경험하지 않아 보았겠습니까? 이 벽은 우리의 모든 문제해결과 적극적인 도덕적 노력을 방해합니다. 우리가 기도를 해도 문제는 여전히 그대로 있습니다. 우리는 그의 도움을 구하지만 문제는 여전히 거기에 있습니다. 그분에게 드리는 우리의 진실한 예배도 여전히 멀리 떨어져 있는 상태입니다. 오직 일심으로 하나님을 찾지 않는 사람만이 이러한 벽이 없다고 상상할 수 있을 것입니다.

성경은 이 벽의 성질에 대해서 우리에게 말해주고 있습니다. 우리에게 이 벽은 죄이며, 그 죄만이 사람과 하나님 사이를 갈라놓을 수 있다고 말해줍니다(사 59:2). 죄로 인해 인간의 자기중심적 자세가 형성되고, 우리 모두에게 하나님으로부터의 분리가 형성되며, 이로부터 출발한 수많은 범죄 행위들이 나타나게 되는 것입니다. "우리가 우리 자신의 마음속에 있는 욕망과 계략을 많이 따르게 되는 행위를 유발함으로" 그 결과 "우리는 하나님의 거룩한 계명들에 대항하는 범죄를 저지르게 되는" 것입니다. 그와 같이 죄는 항상 우리와 하나님 사이에 장벽을 세우고 있습니다.

이 벽이 항상 있는 것은 아닙니다. 이 벽은 첫 범죄 행위로 세워졌습니다. 사람이 하나님으로부터 도망함으로 세워졌으며, 하나님께서 공의를 행하심으로 생명의 나무로 돌아가는 길을 가로막기 위해 그룹들과 화염검을 두심으로 생겼습니다(창 3:24). 그때 이래로 모든 아담의 후손들은 그 화염검 너머에서 태어났고, 하나님으로부터 분리되어 '먼 지방에서' 그들의 모든 아버지가 걸어간 길로 가게 되었습니다. 그리고 사람들은 생명의 나무가 있는 곳으로 다시 돌아갈 수 있는 하나님께서 그들을 위하여 준비해 놓으신 한 문을 발견하게 되기까지 거기에 머무르게 되었습니다.

저는 최근 몇 년 동안 영국에서 열렸던 큰 선교 모임을 마치고 상담실에서 한 부인과 상담을 하고 있었습니다. 그 부인은 저에게 16살 난 아들이 여기에 왔기 때문에 자신도 나왔다고 말했습니다. 그래서 저는 물었습니다. "본인 생각은 어떠십니까?" 그 부인이 대답했습니다. "오! 나는 항상 그리스도인이었어요." 그렇게 대답하는 순간 저는 그 부인이 전혀 그리스도인인 적이 없었다는 것을 알았습니다. 그 누구도 '항상 그리스도인'인 사람은 없습니다. 오히려 항상 죄인이거나, 거룩한 은혜에 의하여 구원되기까지 죄로 인하여 항상 하나님으로부터 분리된 사람만이 있을 뿐입니다. 인간의 단순한 종교성은 우리를 회복하기 위하여 아무런 일도 할 수 없음을 알아야 합니다.

이러한 죄의 분리시키는 능력을 개인적으로 한 번도 그리스도를 알지 못했던 사람에게만 적용시키지 마시기 바랍니다. 우리 중에 하나님께 돌아가기 위하여 처음으로 그 문을 통과했던 사람들도 인간의 영혼과 하나님 사이에 죄가 여전히 벽을 세울 수 있다는 것을 잘 알고 있습니다. 우리는 원죄로 인해 '먼 지방'으로의 추방에서 회복되었지만, 여전히 우리 속에 죄가 들어옵니다. 이전보다 더 교묘한 방법으로 들어옵니다. 그리고 우리는 비록 작지만 실재하고 있는 질투의 '먼 곳', 또는 원한, 자기연민, 세상과의 타협과 같은 '먼 지방' 속에 살고 있는 우리 자신들을 발견하게 됩니다. 그리고 항상 "그 땅에 커다란 기근이"(눅 15:14) 일어납니다. 그곳은 방탕한 아들을 돌아오게 하기 위한 곳이며 우리 마음속에는 소원이 생겨나기 시작합니다.

> 양식이 없어 주림이 아니며 물이 없어 갈함이 아니요 여호와의 말씀을 듣지 못한 기갈이라(암 8:11).

우리 중의 누가 하나님을 향한 마음의 냉담함, 성경의 명백한 사문화(死文化), 죄가 어떤 특별한 분야에서 인간과 하나님 사이에 가져온 벽 때문에 삶의 다른 영역들에 쌓여진 패배에 대해 알지 못하는 사람이 어디 있겠습니까? 우리는 거듭난 하나님의 자녀가 죄로 인해 그 자녀의 위치를 잃게 된다고 말하는 것이 아닙니다. 오히려 그가 죄로 인해 그의 하늘 아버지와의 교제를 잃게 되며, 회개하기 전까지 기근과 같은 상태에 머무르게 된다고 말하는 것입니다.

그러나 그 기근 속에서 그리스도인은 실재하는 죄와 하나님으로부터 그를 떼어놓은 죄에 대해 너무나 무식합니다. 그리고 그 기근의 원인을 해결하기 보다는 그 기근 자체를 해결하려 듭니다. 기근을 해결하기 위해 더욱 기도를 많이 할 것을 결심하기도 하고, 하나님을 더욱더 열심으로 섬기기를 결심할 수도 있습니다. 또한 탕자처럼 "가서 그 나라 백성 중 하나에게 붙어"(눅 15:15) 살거나, 세속적인 연합을 통해서 기쁨 없는 현재의 모습에 작은 소망을 가져오려 할 수도 있습니다. 하지만 이러한 모든 노력은 항상 허황된 것으로 증명이 됩니다. 하나님께서 궁극적으로 우리에게 보여주시려는 것은 우리가 죄와 함께 있다는 사실과 죄가 무엇인지에 대해서 입니다.

그러나 사람은 하나님께서 그를 분리시킨 죄를 알고 있으면서도 하나님께로 돌아가 평화를 누리려는 생각보다는 "어떻게 다시 죄를 짓지 않을 수 있을까"하는 문제에 사로잡힙니다. 솔직히 말해서 이런 생각들은 너무 늦은 감이 있다는 생각이 듭니다. 죄는 우리 안에 이미 들어와 영향을 미쳤습니다. 우리가 '승리'를 얻고 다시 죄를 짓지 않는다 할지라도, 그 사실이 우리를 영원한 휴식과 기쁨으로 돌이킬 수는 없습니다. 간단하면서도 명백한 진리는 "예수님이 만족시키신다" 또는 "그가 승리를 주신다"라는 말이 우리가 먼 나라에 머물러 있는 한 적용되지 않는다는 사실입니다. 이 말들은 오직 우리가 아버지의 집으로 돌아갈 때에만 적용됩니다.

우리가 하나님께로 돌아가는 방법을 몰라 허덕이고, 죄가 가져온 많은 장벽들을 어떻게 통과할 것인지 몰라 허덕이게 되는 문제 또한 있습니다. 이 방법을 알게 된다면 참으로 눈부시도록 행복하게 될 것입니다. 그렇게 된다면 죄는 계속해서 오겠지만, 그 죄가 우리를 영혼의 죽음과 절망으로 망하게 할 수는 없습니다. 왜냐하면 우리는 영원한 자유와 기쁨으로 돌아갈 수 있는 확실한 방법을 이미 알고 있기 때문입니다. 따라서 진실로 우리에게 필요한 것은 그 문을 발견하는 것입니다.

그 문이 주 예수께서 우리와 다시 만나시는 지점입니다. 문을 보여주시길 간구하는 심령에게 예수님은 이렇게 말씀하셨을 것입니다.

> 네가 나를 안다면 너는 그 문 또한 알고 있는 것이니라. 나를 본 사람은 문을 보게 될 것이니라. 나는 문이니, 누구든지 나에게 들어오는 자는 구원을 얻을 것이라.

예수님은 우리에게 문을 보여 주셨을 뿐만 아니라, 그 자신이 문이라 말씀하십니다. 이것이 아직도 하나님께 등을 돌리고 있는 탕자를 향하여 주시는 하나님의 위대한 사랑의 선물이며, 영원한 평화와 만족으로 들어가는 결코 실패하지 않는 문입니다.

우리가 만약 돌이키기만 한다면 그리고 다가와 우리 옆에 서 계시는 그를 바라보기만 하면, 영원한 평화와 만족으로 돌아가게 되는 것입니다. 이 문은 곧 예수님이시므로 다른 어떤 선행이나 공로와 비슷한 발걸음은 모두 필요 없는 것들입니다. 간단하게 예수님께 나아감으로 우리는 어둠에서 새로운 영적 세계로 나아가게 됩니다. 예수님은 스스로가 말씀하시는 축복이시며, 그 축복을 향한 문이시기 때문입니다. 다음의 찬송은 문이신 예수님을 찬양합니다.

> 고통의 멍에 벗으려고
> 예수께로 나옵니다.
> 자유와 기쁨 베푸시는
> 주께로 옵니다.

이 찬양은 그리스도 복음의 기초를 우리에게 제공해 줍니다. 복음은 우리에게 그리스도**처럼** 되라고 말하기보다는 그리스도를 **통하여** 오라고 말합니다. 우리는 본보기가 아닌 문을 통해 예수님께 나아갑니다. 바울 서신들은 "우리 주 예수 그리스도를 통하여"(롬 9:23 그리고 이와 유사한 많은 본문들)와 이와 비슷한 표현들로 계속 강조하고 있음을 보게 됩니다. 바울은 하나님이 우리를 위하여 준비하신 선한 경험과 축복을 말하면서 결코 "우리 주 예수 그리스도를 통하여"를 빠뜨리지 않습니다. 아무리 즐거운 정원이나 멋진 집이 있다한들 그 안으로 들어갈 수 있는 문이 없다면 무슨 소용이 있겠습니까?

낙망한 그리스도인들은 종종 이렇게 묻곤 합니다.

> 하나님과의 아름다운 교제에 대해서 말하는 것은 좋단 말이에요. 하지만 나 같은 사람이 어떻게 그런 삶을 누릴 수 있나요? 많이 노력해 봤지만 안돼요.

예수님은 우리에게 이렇게 말씀하시기를 기뻐하십니다.

> **내가** 곧 그 삶을 너에게 주는 방법이니라! **내가** 그 문이니라.

하나님이 우리의 구원과 승리와 마음의 평화와 부흥을 위하여 예비하신 다른 축복은 없습니다. 오직 하나님은 그의 아들 안에서 이 축복으로 들어갈 수 있는 오직 한 문을 예비하셨습니다.

만약 우리의 문이신 예수님을 진실로 바라보기 원한다면 그리고 그 축복을 경험하기를 원한다면, 우리가 알아야만 하는 네 가지의 사실이 있습니다.

첫 번째, 우리는 반드시 예수님을 실로 활짝 **열린** 문으로 보아야 합니다! 그를 열린 문으로 보는 것은 얼마나 쉬운 일입니까! 그러나 그분을 약간 다르게 보려는 사람들, 즉 그를 기준을 설정하는 자로, 의무의 길을 묘사하는 자로, 우리가 할 수 없는 일만을 요구하는 자로 말하려는 사람들이 때때로 있습니다. 하지만 이러한 시도는 우리에게 단지 실망만 주었던 또 다른 모세로 만들려는 것이며, 우리가 그를 온전히 문으로서 볼지라도 단지 닫힌 문으로 그를 보게끔 만듭니다. 그러나 그것은 하늘로부터 오신 예수님의 모습이 아닙니다. "율법은 모세로 말미암았고." 그래서 그 율법이 우리 전체를 정죄하였으며, "은혜와 진리는 예수 그리스도로 말미암았느니라"(요 1:17).

만약 은혜가 그것을 받을 가치가 없는 사람들을 향한 하나님의 선하심이라면, 그가 죄인들이 들어올 수 있는 열린 문임이 틀림없습니다. 그 문이 열린 때는 그가 십자가에 달려서 "다 이루었다 하시고 머리를 숙이시고 영혼이 돌아가시니라"(요 19:30)는 승리의 외침을 외치셨을 때였습니다. 갈보리 위에서 모든 것이 성취되었다는 것을 가르쳐 줌으로써, 수 세기 동안 성전의 지성소와 다른 예배처소들을 가로막는 벽으로 걸려 있던 성소의 휘장이 바로 그 순간 위에서부터 아래로 찢어졌습니다.

이 사건으로 인해 하나님과 인간 사이에 놓여 있던 죄의 장벽은 무너졌음이 선포되었습니다. 그리고 죄 많은 인간을 위한 문이 열렸음이 선포되었습니다. 우리는 이제 "예수 그리스도의 피에 의하여 새롭고 생명의 길인 지성소로 담대함을 가지고 들어갈 수 있게 되었다"고 인정되었습니다. 예수 그리스도의 피가 우리 죄의 모든 심판을 십자가에서 철회하셨기 때문입니다. 이를 진실되게 바라볼 때, 가장 자책하는 자도 담대함으로 나아갈 수 있는 것입니다.

이것은 이제 하나님과 사람 사이에 그 어떤 걸림돌이나 상벽이 없다는 것을 의미합니다. 인간의 냉담함, 불신, 그와 비슷한 죄악의 장애물들이 사람으로 하여금 이 문에 들어가게 합니다. 이 문은 그들의 죄를 이미 알고 있으며, 그러한 죄를 지은 자들을 위한 문이기 때문입니다. 우리는 이러한 장애물을 막을 수도 극복할 수도 없습니다. 다만 이 장애물을 죄로 인정하고 예수님께 가지고 나아갈 뿐입니다. 이렇게 할 때, 하나님과 우리 사이를 가로막고 있던 벽은 무너지고, 예수 안에서 열려진 문을 발견하게 됩니다. 그리고 우리는 하나님과의 교제와 평화로 나아갈 수 있게 됩니다.

두 번째, 우리는 이 문이 **수평(바닥) 높이에** 열려진 문이라는 사실을 볼 필요가 있습니다. 이 문은 실패한 사람은 **실패자의** 모습으로 받아들입니다. 우리가 좀 더 성공해야만 열리는 것이 아닙니다. 우리는 신약성경에서 유대인들은 이방인들이 할례를 받고 유대인이 되어야만 구원을 받을 수 있다고 주장했던 것을 보게 됩니다. 유대인들은 이방인의 모습으로 구원받을 수 있다는 것을 믿지도 않았으며 믿을 수도 없었습니다. 이것은 바울이 살아 있을 때 항상 그를 따라다니던 논쟁거리였습니다. 바울은 죄인은 죄인으로서 구원받는다고 했습니다. 이방인은 **이방인**으로서 구원받는 것이지, 유대인으로 개종하는 행위를 통해서 구원받는 것이 아니라고 했습니다. 오직 예수 그리스도의 피로 인하여 구원을 받을 수 있다고 강조했습니다(갈 2:14-16). 다른 말로 하면 바울은 문이신 그리스도를 수평(바닥) 높이에 열려 있는 문이심을 강조했습니다.

우리 그리스도인들은 바울이 전념한 복음이 '외부인들'의 복음이었다고 이론적으로도 생각하지 않습니다. 그러나 우리는 우리 자신의 필요와 실패의 깊이를 생각하거나, 하나님의 뜻대로 쓰임 받기를 기도하거나, 부흥하기를 간구할 때, 그 문을 바닥 높이보다 더 높은 곳에 두려는 경향이 있습니다. 여기에서 우리는 본능적으로 실패는 실패로서 축복을 받을 수 없으며, 오직 보다 훌륭한 그리스도인의 자격을 갖추어야만 축복을 받을 수 있다고 생각합니다. 그리고 그러한 사람이 되기 위해서 노력합니다.

우리는 우리의 손이 약간 못 미치는 곳에 있는 문을 열 때에 성공하는 경향이 있습니다. 왜냐하면 '약간 더 좋은 것'이 되는 것같기 때문입니다. 하지만 사실 이런 시도는 우리를 좌절시킵니다. 항상 문은 바닥 높이에 열려져 있으니, 우리의 부끄러움과 실패의 높이에 열려 있는 것입니다. 그러므로 우리에게 필요한 것은 우리의 연약한 상태를 깨닫고 믿음으로 예수님께로 나아가는 것입니다.

우리는 때때로 부흥의 가치에 대해서 이야기합니다. 그리고 이와 같은 것을 이야기할 때, 우리가 의도하는 바에 대해서 대단히 조심할 필요가 있습니다. 부흥의 가치를 너무 높게 잡음으로 일반적인 삶 가운데 손이 미치지 못하는 곳에 놓아둘 수 있기 때문입니다. 하지만 그것은 하나님을 평가하려는 우리의 시도일 것입니다. 하나님이 그의 백성이 필요로 하는 만큼 부흥을 주지 않으신다고 말하는 것입니다. 하지만 이런 생각은 하나님께 잘못하는 일이며, 그의 교회에게 무자비한 일을 행하는 것입니다.

부흥을 높이 평가해야 한다는 것에는 아무런 의심의 여지가 없습니다. 그러나 부흥은 긴 밤을 지새우는 기도와 금욕적인 헌신을 대가로 치러야 한다는 필연성을 갖지 않습니다. 다만 자만심을 내려놓고 죄를 회개하는 것이 필요할 뿐입니다. 문은 구원이나 다른 축복들을 향해서도 그렇듯이 **부흥**을 향해서도 바닥 높이에 열려 있습니다. 회개한 심령을 가지고 그분께로 나아감으로써 우리는 **부흥**으로 들어가게 되는 것입니다. 이는 그분 자신이 곧 부흥이시며, 부흥으로 향하는 문이시기 때문입니다.

오늘날에는 눈부신 부흥이 흔하지 않다고 누군가 주장한다면, 그러한 부흥은 다음과 같은 방법으로 이루어진다고 우리는 말할 수 있을 것입니다. 즉 하나님께서 누군가와 동행하시기로 정하시면, 그 사람과 함께 그의 증거를 선포하시는 방법이 부흥입니다. 하나님께서 우리가 원하는 대로 부흥의 축복을 주시지 않으신다면, 그 이유는 우리가 믿음을 갖지 않고 율법의 행위에 의존하며 찾았기 때문 아닙니까?(롬 9:32) 우리는 바닥 높이에 열려 있는 문을 발견하기에 실패하지는 않았습니까? 그리고 우리는 우리 속에 개인적인 부흥을 일으키려고 생각하기보다는 다른 사람들 속에 있는 '부흥을 보기를' 기대한 것은 아니었습니까?

그리고 부흥에 대한 우리의 필요를 우선적으로 인정하기를 실패했던 것은 아니었습니까? 삶 속에 독특한 부흥의 경험을 하면서, 그 부흥에 대해서 보다 예수님에 대해 이야기하는 것이 중요하지 않습니까? 영광스러운 진리는 그리스도께서 우리의 모습 그대로 그리고 우리가 있는 처지에 계신다는 것입니다. 하나님은 예수님을 죄인인 우리 가까이에 계시도록 하셨습니다.

사도 바울의 말을 들어보십시오.

> 믿음으로 말미암는 의는 이같이 말하되 네 마음에 누가 하늘에 올라가겠느냐 하지 말라 하니 올라가겠느냐 함은 그리스도를 모셔 내리려는 것이요 혹 누가 음부에 내려가겠느냐 하지 말라 하니 내려가겠느냐 함은 그리스도를 죽은 자 가운데서 모셔 올리려는 것이라 그러면 무엇을 말하느뇨 말씀이 네게 가까와 네 입에 있으며 네 마음에 있다 하였으니 곧 우리가 전파하는 믿음의 말씀이라(롬 10:6-8).

이는 높은 곳을 유지하려는 수고의 문제도 아니며, 우리 자신을 낮추려는 인위적인 실추의 문제도 아닙니다. 그리스도께서 있는 모습 그대로 우리를 받으신다면, 그분의 피는 죄인을 **죄인으로서** 받으시며, 부족한 성도는 **부족한 성도로서** 받으십니다. 그러므로 우리에게 필요한 말은 우리의 입과 우리의 마음속에 그분을 만나기 위한 믿음과 고백의 간단한 말입니다. 이것은 십자가에서 만들어진 이 위대한 문에 대하여 살펴보아야 할 다음 단계로 우리를 안내합니다.

세 번째, 이 문은 또한 **낮은 문**입니다. 우리가 그 문으로 들어가기 위해서는 회개의 심령을 가지고 머리를 낮게 숙여 들어가야 합니다. 성경은 거듭 반복해서 '곧은 목'(만약 우리가 그렇게 부르기로 한다면)이라는 병에 대해서 말합니다. 자신의 잘못을 인정하지 않으려는 인간 자아 의지와 고집스러움에 대한 비유적 표현입니다.

누군가 자신을 비난해서 분노할 때 문자적으로 목이 굳어지는 것을 느낄 때가 종종 있습니다. 우리 목이 이렇게 굳어 있거나, 우리의 의지가 죄를 인정하지 않고 깨어지지 않는 다면, 결코 그 문으로 들어갈 수 없습니다. 만약 이 상태로 들어가려다가는 문에 머리를 박게 될 것입니다. 예수님은 우리를 위하여 십자가에서 그의 머리를 숙이셨습니다(요 19:30). 따라서 우리의 죄를 깨끗게 하고 영원한 안식으로 인도하는 그의 피의 능력에 대해 알려고 한다면, 자신의 죄를 회개하고 자기 판단의 머리를 낮게 숙여야 할 것입니다.

하나님께 회개하는 과정에서 그리고 때로 다른 사람에게 자신의 잘못을 사과하는 과정에서, 우리는 진심으로 반성하지 않는 자신을 자주 발견하게 됩니다. 우리는 재수가 없어서 실수한 것으로 생각하여 사실을 왜곡하며 우리의 진짜 모습을 무심코 내비치게 됩니다. 이 무슨 속임수입니까! 진실은 우리가 어울리지 않게 행동하지 않았다는 것입니다. 하지만 우리를 위해서 십자가 위에 매달리신 모습이 선포하듯이 우리의 진짜 모습으로 행동해야 합니다.

때로 우리가 누군가를 충고하면서 "당신은 내가 얼마나 진실한 사람인지를 안다"라는 말을 덧붙이는 데 주의를 기울여야 합니다. 예수님께서 우리를 위해서 십자가에 매달리셨던 그 모습보다 우리가 더 나은 상태에 있지 않다는 것을 인정해야 합니다. 그리고 우리의 머리를 마땅히 땅끝까지 낮게 숙여야만 합니다. 그렇게 할 때, 우리는 참 문이신 그분을 발견하게 됩니다.

네 번째, 이제 우리는 이 문은 **좁은 문**이라는 것을 이해해야만 합니다.

> 생명으로 인도하는 문은 좁고 길이 협착하여 찾는 이가 적음이니라(마 7:14).

처음에 십자가로 가는 길은 넓은 것같이 보입니다. 그래서 우리는 모두 같이 가자고 사람들을 부를 수 있는 것입니다. 그러나 회개의 장소로 가까이 다가갈수록 길은 점점 좁아집니다. 그 길은 우리 모두가 나란히 서서 갈 수 있는 곳이 아닙니다. 우리는 더 이상 군중 속에서 잊혀지는 사람이 되지 않습니다. 그리고 어떤 사람은 뒤로 처지게 됩니다. 마침내 우리가 문이신 그분 앞에 서게 될 때, 당신과 다른 한 명 또는 두 명이 함께 설 만한 공간도 없습니다.

그 문에 들가기기 위해서 당신은 그 문에 온전히 홀로 서 있어야만 합니다. 그곳에는 다른 사람을 기다리는 것도 없으며, 오직 회개한 당신 혼자만이 있을 뿐입니다. 그러나 우리는 회개하는 사람이 되기를 원하지 않습니다. 사탄은 우리 주변의 사람들이 매우 나쁜 일을 하고 있다고 말하면서, 그들이 먼저 회개하지 않는 이상 회개하길 기뻐하지 않도록 우리를 유혹합니다. 하지만 이런 방법으로는 그 문에 결코 들어갈 수 없습니다!

여러분은 자신이 이 세상의 유일한 죄인인 것처럼 먼저 회개해야 합니다. 다른 사람도 잘못을 했을 수 있습니다. 하지만 그의 잘못을 원망하거나 비평하거나 용서하지 않는 것으로 반응을 보이는 것 역시 잘못된 것입니다. 이런 행동은 하나님 보시기에 더 나쁜 행동입니다. "너는 너희 이웃을 네 몸같이 사랑하라"는 말씀은 "네 마음을 다하여 네 주 하나님을 사랑하라"(마 22:37)는 말씀 바로 다음에 놓여 있는 계명입니다. 그러나 위와 같은 행동은 사랑에서 비롯된 것이 아닙니다. 우리가 죄인으로 그분에게 나아갈 때 예수님은 반드시 구원주로서 우리를 맞이하십니다. 그러나 만약 우리가 예수님을 어둠과 멸망으로부터 빛과 자유로 온전히 인도하시는 실재적인 구세주로서 깨닫지 못한다면, 그것은 우리 자신을 죄인으로 보지 않거나 깨어지기를 원치 않기 때문입니다.

우리는 이제 주께서 요한복음 10장을 통해 우리에게 주신 마지막 그림을 살펴보아야 할 단계에 이르렀습니다. 이번에는 문에 대해서 말씀하시기 보다는 우리가 자주 놓치는 길에 대해서 말씀하십니다. 주님은 "양의 우리에 문으로 들어가지 아니하고 다른 데로 넘어가는 자는 절도며 강도요"(요 10:1)라고 말씀하셨습니다. 이 말씀에 대한 첫 번째 해석은 목자의 모습으로 자신의 부귀뿐만 아니라 양들의 멸망을 위해서 양우리에 들어가려 하는 거짓 선생들에 대한 말씀입니다. 그러니 힘들고 느리게 담벼락을 기어올라가 양우리로 들어가려는 그의 모습을 통해서 자주 이렇게 행동하는 우리의 모습 또한 보게 될 것입니다. 손가락과 발가락을 벽 틈 사이에 놓고 긴장하며 올라가는 모습입니다. 그러다가 바닥으로 떨어지면 다시 기어오르기 시작합니다. 여러 번 실패를 거듭하고는 이내 담벼락 꼭대기를 넘어 양우리에 들어가는 것을 포기해버립니다.

그러나 언제나 거짓 선생을 위해서 바닥 높이의 문은 열려있습니다. 그가 그 문을 보게 되든 들어가기를 원하지 않든 그 문은 열려 있습니다. 아마도 이 거짓 선생은 원하지 않아서 그 문을 들어가지 않을 것입니다. 그 문은 자칭 목자가 들어가는 문이 아니라, 참 회개하는 양이 들어가는 문이기 때문입니다. 이 얼마나 애통합니까! 구원의 경험과 성화와 부흥과 필요한 다른 축복들을 얻기 위해 걱정하고 염려하는 우리의 모습은 이 얼마나 애통한 모습입니까! 우리는 그 문으로 들어가지 않고 자기개발, 삶의 새로운 각오, 더 많은 간증을 위해 결심한 긴 시간의 기도와 같은 다른 길을 통해 기어오르려고 애씁니다.

우리는 우리 위에 있는 '승리적인 삶'의 기준을 봅니다. 그리고 만약 이런저런 특별한 경우에 도달할 수만 있다면, 하나님과의 교제에 참여하고 그의 성령으로 충만해질 수 있을 것이라 확신합니다. 그러나 그 '승리적인 삶'에 도달하는 것은 우리를 멸망에 이르게 하는 것입니다. 우리가 이렇게 기어올라가기 위해서 애쓰고 있을 때, 예수님은 바닥 높이의 열린 문으로 우리가 들어오도록 언제든지 도우시기 위해 곁에 서 계십니다. 그리고 그의 십자가 앞에 우리의 머리를 숙인다면, 우리는 그 문으로 빨리 들어갈 수 있습니다. 우리가 올라가기 위해 시도하는 정도(正道)가 아닌 모든 다른 방법과 교묘한 방법은 결코 하나님께서 우리에게 영원한 안식을 가져다 주시는 길이 아니라고 선포하셨습니다(엡 2:8-9).

누군가는 이렇게 질문할 것입니다. "그렇다면 위에서 말한 규칙적인 기도생활과 같은 것은 나쁜 것인가요?" 물론 아닙니다. 모든 그리스도인의 삶에서 규칙적인 기도생활과 같은 모습은 매우 중요한 부분입니다. 하지만 하나님께서 우리가 회개하기를 원하실 때에는 아무런 가치가 없는 것들입니다. 회개하지 않은 죄는 "너희의 무수한 제물이 내게 무엇이 유익하뇨…너희의 손에 피가 가득함이니라"(사 1:11, 15)고 기록된 것과 같이 우리의 모든 신앙의 연단을 해치는 것입니다. 그러나 인간의 마음은 죄를 고백하여 자신을 낮추는 것보다 얼마나 가치가 있는지 모르고 하나님께 바치는 자신의 행위에 더욱 치중합니다. 그것이 사람이 항상 행위의 길로 먼저 가는 이유가 됩니다. 사람은 그의 머리를 숙임으로써 그 문으로 들어가는 것을 원치 않습니다. 하나님께서는 구원은 결코 행위를 통해서 오지 않는다고 하셨습니다. 행위의 길은 매우 자주 회개와 주객전도가 됩니다.

> 주는 제사를 즐겨 아니하시나니 그렇지 않으면 내가 드렸을 것이라 주는 번제를 기뻐 아니하시나이다 하나님의 구하시는 제사는 상한 심령이라(시 51:16-17).

그리고 그 심령은 문을 통하여 항상 그 길을 발견하게 됩니다.

하나님께서 행위로 축복에 들어가는 방법을 허락하지 않으시는 또 다른 이유는 그것이 그리스도를 우리에게 아무것도 아니신 분으로 만드는 결과를 낳기 때문이다(갈 5:4)라고 바울은 말했습니다. "만약 의가 (아니면 다른 축복이) 율법으로 말미암아 온다면 그리스도는 헛되이 죽으셨느니라"(갈 2:21). 내가 그리스도인으로서의 봉사에 더욱 긴장하고 애를 쓰면 쓸수록 이는 내 마음의 냉담함이 벽을 기어오르려고 더욱 열심히 노력을 퍼붓는 것이 됩니다. 그리고 그럴수록 나를 위해 열려 있는 그의 문과 은혜와 하나님으로부터 나는 더욱 멀어지게 되는 것입니다. "내 자신의 의를 세우려고 하는" 결과에 처하게 되며, 그리스도의 보혈을 통해 죄로부터 정결함을 받고자 자신을 복종시키지 않게 되는 것입니다. 그보다 더한 것은 그 벽의 꼭대기에 도달했다고는 결코 느낄 수 없기 때문에, 이러한 노력들은 우리 마음에 결코 평화를 가져다주지 못하며 오히려 실패만을 가져다 줄 뿐입니다.

그러나 우리가 마침내 예수님을 바라보고 그가 완성하신 일들을 볼 때, 실패와 무거운 짐은 사라지고 구원과 기쁨과 하나님을 노래하는 찬양이 그 자리에 대신 들어오게 됩니다. 우리는 회개하지 않으려는 노력을 떠나, 사랑하는 그의 못 자국난 발 아래로 내려오게 되는 것입니다. 그리고 그 순간 믿음을 가지고, 오랫동안 우리를 피해가던 마음의 휴식과 평화로 들어가게 됩니다. 진실로 예수님을 바라보는 것은 우리의 짐을 내려놓는 것이고 완전한 만족으로 들어가는 것입니다.

6장

시내산이냐 갈보리 언덕이냐

 앞서 우리는 주 예수의 문으로 들어가야 한다는 것을 보았습니다. 그러나 우리가 죄를 깨달을 때나 하나님의 손길로부터 멀어져 평화와 자유를 애타게 찾을 때, 사탄은 미묘한 어려움으로 우리를 어떻게 좌절시킬 수 있는지 잘 알고 있습니다. 따라서 그 문이 우리를 인도하는 곳으로 가는 것을 생각하기 전에, 우리는 잠시 멈추어서 문 바깥에서 벌어지고 있는 전투를 겪고 있는 회개한 영혼들을 도와야 할 것입니다.

 언제든지 우리의 양심이 죄를 자각하게 되면 마치 사탄과 성령의 두 개의 인격이 죄의 깨달음 앞에 싸우는 것 같습니다. 사탄은 죄를 찾아 우리를 시내산으로 끌고가 우리를 정죄하고 우리에게 멍에를 지우려 합니다. 그러나 성령은 우리와 우리의 죄를 갈보리로 인도하십니다. 그리고 그곳에서 예수의 문으로 들어가 영원한 평화와 자유로 우리를 인도하십니다. 시내산과 갈보리는 두 개의 언약을 나타냅니다. 하나는 멍에를 낳는 시내산(갈 4:24)의 '율법의 언약'이고, 다른 하나는 주 예수님이 갈보리에서 죽으심으로 완전히 이루시고 완성하신 '은혜의 언약'입니다.

사탄이 우리를 끌고 가는 곳과 성령께서 우리를 인도하시는 곳은 서로 다른 곳입니다. 이렇게 분명하다면 문제는 간단해 보입니다. 그러나 실제로는 그렇지 않습니다. 사탄은 아직 성숙하지 않은 그리스도인들에게 성령의 목소리를 흉내내며 마치 하나님이 그들에게 말씀하시는 것처럼 속입니다. 그리고 비난과 멍에의 자리에 데려다 놓고 반드시 그 목소리를 따라야만 하는 것처럼 만듭니다.

물론 시내산은 하나님께서 십계명을 주신 곳입니다(출 20장). 하나님은 열 번이나 구름과 불 가운데에서 말씀하셨고, 매번 "너는 할지어다" 혹은 "너는 하지 말지어다"라는 말로 사람들을 묶는 위대한 도덕적 계명들을 반포하셨습니다. 여기서 기본적인 '행위언약'은 하나님과 인간 사이의 관계가 다스려지기 위해서 주어졌습니다. 간단히 설명한다면 다음과 같습니다. "이렇게 하라. 그러면 너는 살리라." 그리고 "이렇게 하지 않으면 너는 정녕 죽으리라." 이것이 인간의 마음이 가장 잘 이해할 수 있는 '행위언약'이며, 인간의 양심이 가장 잘 반응하게 되는 것이었습니다.

오늘날의 일상생활에서 이 언약은 우리에게 다양한 기초로부터 인간의 삶을 조명하는 도덕적 빛의 결과로서, 도덕적이고 종교적인 기준들을 위해 스스로 노력해야 함을 전체적으로 보여주고 있습니다. 이제 어떤 실패가 양심 위에 놓일 때, 사탄은 즉시로 시내산 율법의 기준들에 합히지 못하고 그것을 지키지 못한 우리들을 비난하기 위해서 시내산으로 데려갑니다. 우리의 도덕적이며 영적인 기준들이 높아질수록 사탄은 더욱 우리를 비난합니다. 사탄은 "우리 형제들을 참소하는 자"(계 12:10)라고 잘 표현되어 있습니다. 그는 우리를 하나님께 비난할 뿐만 아니라 스스로도 비난하게 만듭니다.

그리고 사탄은 그리스도인으로 하여금 실제로 지키지 못한 율법에 대해서 생각하고, 지키지 못한 것으로 상상하게 만들어 비난하고 마음에 정죄감을 심어줍니다. 이것은 '죄의식'으로 정신분석학에서 신경성 환자들의 증세로 봅니다. 그리고 이 죄의식은 건강한 마음을 소유한 그리스도인들의 경우에도 많이 나타납니다. 죄의식의 시작은 모두 사탄에 의한 것이고, 그를 비난하는 행동에 힘을 불어넣는 것이 율법입니다. 이는 바울의 말에서 잘 드러납니다. "죄의 권능은 율법이라"(고전 15:56). 이 자기 비난은 일반적으로 그리스도인들에게 두 가지로 영향을 미칩니다. 이는 사탄이 만드는 계획적인 특별한 영향입니다.

첫 번째, 사탄의 비난은 신자의 마음속에 자기 비난을 일으키게 만듭니다. 로마서에서 이를 발견할 수 있습니다.

> 이런 이들은 그 양심이 증거가 되어 그 생각들이 서로 혹은 송사하며 혹은 변명하여 그 마음에 새긴 율법의 행위를 나타내느니라(롬 2:15).

우리 자신을 변명하고, 우리의 결백성을 주장하는 것은 비난에 대한 자연적인 반응입니다. 그러나 이것이야말로 사탄이 우리에게서 바라는 것입니다. 비난을 통해서 사탄은 우리가 하나님 앞에 우리 자신의 의로움과 결백성을 내세우도록 우리 주위를 집적거립니다. 우리에게 그러한 의로움과 결백성을 주장할 만한 근거가 없다는 것을 사탄은 잘 알고 있습니다. 그리고 우리 또한 마땅히 이에 대해 알아야만 합니다. 하나님께서 죄인들의 이러한 행동을 통해 그들에게 보여주고자 하시는 것은 **죄인 된 그들의 실제 모습**을 스스로 깨닫게 하시는 것입니다.

따라서 우리의 생각은 늘 이리갔다 저리갔다 합니다. 생각의 절반은 스스로를 비난하고, 나머지 절반은 스스로에게 변명합니다. 그리고 이런 변명 가운데에서 하나님의 은혜와 평화로부터 점점 더 멀리 떨어져 나가게 됩니다. 이것은 욥의 친구들이 욥을 비난했던 결과와 같은 것입니다. 욥의 시련이 그의 내면에 있는 죄악으로부터 시작된 것이라 지적하며, 욥에게 자신의 결백성을 격하게 주장하게끔 했습니다. 그리고 그러한 처지에서 하나님께서 그를 대적하여 싸우시는 것을 보게끔 만들었습니다. 욥이 아무리 올바른 사람이라 할지라도, 그가 하나님과 다시 평화를 갖기 위해서는 죄인의 위치를 받아들이며 깨어져야만 했습니다.

두 번째, 사탄의 비난이 가져다주는 영향은 우리가 자신의 노력과 '애씀'의 근거 위에 서도록 만듭니다. 사탄은 우리가 아닌 것에 대에서 말해줍니다. 그리고 우리가 스스로 그것이 되기 위해서 애쓰도록 만듭니다. 사탄은 우리가 충분히 기도하지 않았다고 비난하거나, 우리가 다른 사람들에게 예수님의 필요성에 대해서 충분히 말하지 않았다고 비난하거나, 우리가 충분히 겸손하지 않다고 비난합니다. 그리고 우리가 이러한 비난을 듣게 될 때 자신의 능력으로 이를 해결하는 것에 노력하도록 만듭니다.

이렇게 비난하는 사탄의 모든 목적은 우리를 애씀과 자기노력과 실제적인 멍에 가운데로 밀어 넣기 위해서 입니다. 이러한 상황 속에서 사탄은 우리를 바닥 높이로 열려 있는 문을 통해서 축복으로 들어가게 하는 대신에 (벽이 높기 때문에 고되고 고통스러운 일인) '기어올라가는' 축복으로 가는 길을 시도하도록 만듭니다. 또한 이 모든 일을 우리를 향하신 하나님의 음성인 것처럼 위장하며 행합니다. 그러나 사탄은 "거짓말쟁이요 거짓의 아비"(요 8:44)입니다. 사탄의 비난은 진리의 모양을 하고 하나님의 율법에 기초를 두고 있지만, 반쪽짜리 진리에 불과합니다. 그러한 이유 때문에 이는 한층 더 위험한 것입니다.

우리가 사탄의 음성을 식별하고, 시내산의 천둥치는 소리로 우리에게 말씀하시는 하나님의 대답을 경험하는 것이 얼마나 필요한 일입니까! 그것은 성령님이 우리에게 오셨음을 보여주는 것입니다.

만약 사탄이 우리의 양심에 놓여 있는 죄의식에 접근하려 한다면, 성령께서도 그러하신 것입니다. 그러나 성령의 역사는 사탄의 것과 얼마나 다릅니까! 성령님은 우리와 우리 죄를 함께 묻이신 갈보리의 예수님께로 데려가십니다. 그리고 거기서 성령님은 십자가에서 돌아가신 예수님을 통해 이미 우리의 죄가 알려졌고 처리되었음을 보여주십니다.

사탄이 우리에게 말하는 것이 사실이든 거짓이든 간에 이미 낡아빠지고 오래된 것입니다. 사탄이 우리에게 말할 수 있는 가장 악한 것은 이미 예수님께서 십자가에서 해결하신 죄의 어두움과 깊이에 비교될 수 없습니다. 십자가에서는 가장 자책하는 자도 죄 용서와 깨끗하게 하심과 위로하심 밖에 찾을 수 없습니다. 따라서 사탄이 비난하기 좋아하는 죄인인 우리는 그저 반쪽짜리 진리에 불과합니다. 그리고 그 나머지 반쪽은 예수님께서 우리를 위해 십자가에서 돌아가시고 모든 것을 이루셨다는 사실입니다. 그리고 사탄은 이 사실을 우리에게 절대로 말하지 않습니다. 오직 온화하신 성령님만이 우리에게 말씀해주고 계십니다. 참으로 "모든 슬픈 자를 위로하는"(사 61:2) 것이 성령님의 큰 기쁨입니다. 그리고 우리에게 예수님과 그의 피에 대해서 날마다 새롭게 알려주심으로 그리고 우리를 위하여 지금도 하나님 앞에 계시는 예수님의 모습을 보여주심으로 모든 슬픈 자를 위로하십니다.

신자가 이 계시를 진심으로 바라볼 때 두 가지 결과를 가져옵니다. 이 결과는 앞서 살펴본 사탄의 비난이 가져오는 두 가지 영향과 **정반대**됩니다.

첫 번째로 신자는 자유롭게 그의 죄를 인정하고 그 자신을 판단하게 됩니다. 사탄의 비난이 신자에게 자신을 변명하고 그의 결백성을 주장하게끔 만들었다면, 갈보리에서 계시된 하나님의 은혜는 신자에게 그의 죄를 인정하도록 합니다. 신자는 무엇이 진짜 비난이고 무엇이 잘못된 것인지를 가려내는 데에 커다란 고통을 느끼지 않습니다. 왜냐하면 그리스도의 피 속에 있는 대답은 어떠한 경우를 막론하고 모두 똑같기 때문입니다! 뿐만 아니라 신자가 자신을 어떤 한 부분에서는 결백하다고 생각한다면, 다른 많은 것들 가운데에서 희망이 없는 죄인이라는 사실을 깨닫게 해줍니다.

어떤 경우에서든지 신자를 위하여 완전히 선하신 분이 완전히 악한 자의 형벌을 경험하신 십자가 앞에서 자신의 결백성을 증명하려는 것은 옳지 않습니다. 따라서 신자에게는 하나님을 바라보는 것이 가장 값진 것이며 깨어지고 뉘우치는 심령을 갖게 됩니다. 그리고 이 마음 자세를 갖는 순간 하나님의 은혜가 그에게 넘치게 부어지는 구속의 자리로 올바로 인도되는 것입니다.

두 번째로 갈보리의 의미와 그것을 바라보는 것은 자신의 죄를 자유롭게 인정하게 만들 뿐만 아니라, 스스로 자신을 고치려는 모든 노력을 내려놓도록 만듭니다. 우리가 십자가로 나아갈 때 오는 결과를 이사야만큼 더 명확하게 표현한 사람은 없을 것입니다.

너희가 돌이켜 안연히 처하여야 구원을 얻을 것이요(사 30:15).

이사야 30장에서 이스라엘은 북쪽에서 내려오는 적들로 인해 엄청난 곤경에 처하게 되었습니다. 이스라엘은 애굽과 같은 다른 나라들과 동맹을 맺어 그들의 도움을 청하기 위해 사신들을 보내기까지 했습니다.

이러한 광경에서 이사야는 다음과 같은 말로 시작합니다.

주께서 말씀하시기를 나 아닌 자와 상의를 하는 반항하는 자식들에게 저주가 있으리로다.

그는 계속해서 다음과 같이 선포합니다.

애굽인들은 헛되이 도울 것이요 아무런 목적한 바도 얻지 못할 것이다.

이스라엘이 곤경에 처하게 된 근본 원인은 하나님으로부터 멀어졌기 때문이었습니다. 이러한 이유로 하나님은 그들을 바벨론 군대의 손에 넘기셨고, 그들을 낮추시고 벌하셨습니다. 그리하여 하나님은 그들을 주께 회개하는 마음으로 돌아오도록 부르셨습니다. 이러한 부름에 그 백성들은 다음과 같이 대답했습니다.

주께로 돌아가는 것은 당연히 좋은 일입니다. 그러나 그것이 우리가 지금 이렇게 적들에게 둘러싸이게 된 것과 무슨 상관이 있단 말입니까?

이사야는 여지없이 다음과 같이 말했습니다.

이는 모든 것과 관련된 일이다. 왜냐하면 하나님과 너희들의 관계가 잘못됨으로 인해 지금 일어나고 있는 모든 문제가 생겼기 때문이다.

그러자 그들은 "그러면 우리는 바벨론의 적들을 향하여 어떻게 해야 합니까?"라고 했습니다. 이사야는 대답했습니다.

만약 **너희**가 주께로 돌아가고 그의 통치하심을 인정하며 그가 은혜를 주시는 분임을 굳게 믿음으로 회개한다면, 기다리는 자들을 위하여 하나님께서 필히 역사하실 것이니, **너희는 이제 안심할 것이다.**

이 대화가 이스라엘에게 향한 이 위대한 말씀, "돌아와서 안연히 거하여야 구원을 얻을 것이다"라는 말씀의 내면적인 의미인 것입니다.

똑같은 말씀이 우리에게도 주어졌습니다. 예수님께서 이미 우리를 위해 십자가 위에서 모두 이루셨기 때문이에, 하나님께로 돌아가고 우리의 죄를 회개한다면 우리는 안식을 얻게 됩니다. 우선 우리가 회개해야만 하는 죄로 인해 우리의 눈과 다른 사람들의 눈 안에 커다란 충격을 입은 우리의 **의로움**에 대해서 그대로 둘 수 있습니다. 우리는 예수님의 보혈이 우리가 고백하는 바로 그 죄를 미리 아시고 처리하셨다는 것을 알게 됩니다. 또한 그가 우리를 위하여 하나님 앞에서 완전한 의로움을 주시며, 우리는 사람들 앞에서도 만족스럽게 쉴 수가 있다는 것을 알게 됩니다.

하나님과 사람들 앞에서 우리가 다른 어떤 의로움을 가지지 않고도 만족할 수 있을 때까지, 우리는 참 평화를 발견한 것이 아닙니다. 우리가 다른 의를 얻으려고 애쓰는 시도를 통해서 그리고 우리 스스로를 정당화하려는 헛된 노력을 통해서 우리는 그 어떤 안식도 얻을 수 없습니다! 우리는 이렇게 말할 수 있습니다.

> 만약 다른 사람들이 내가 실패한 사람이라고 말한다면, 그것은 그들이 예수님의 십자가 보혈을 통해 참 평화를 발견한 사람이 누리는 진리를 실패로 보았기 때문입니다.

우리는 마침내 어린양의 피로서 **그리고** 우리의 증거의 말로서(계 12:11) 사탄을 극복하는 것을 배웠으며 우리 마음이 자유를 얻는 것을 배웠습니다. 우리는 하나님 앞에 서서 사람들 가운데 돌아다니며 이렇게 증거할 것입니다.

> 이것이 나의 **모든** 의로움이니
> 그것은 예수의 피밖에 없네.

우리는 하나님께로 되돌아가는 것뿐만 아니라, 우리 죄의 **결과**와 우리가 속해 있는 상황에 대해서 안심할 수 있게 됩니다. 우리가 회개하기 전까지는 우리의 처해 있는 상황은 모두 우리 자신이 책임져야 합니다. 스스로 침대를 만들고 그 속에 누워 있든지, 아니면 그 상황에서 빠져나오기 위해 엄청난 노력을 쏟을 것입니다. 그러나 모든 것을 나의 탓으로 돌리고 회개하는 그 순간, 예수님은 그의 피로 하나님 앞에서 우리의 책임을 대신하십니다. 그리고 하나님은 그 얽혀진 상황을 그리스도를 보시고 자신의 책임으로 만드시기를 기뻐하십니다. 이때 우리는 참된 안식을 얻게 되는 것입니다.

하나님은 회개한 사람에게 먼저 예수님의 피를 통하여 평화를 주시고, 그다음에 그의 문제를 해결하십니다. 누군가 "하나님은 실수하는 자를 용서하시고, 실수가 실수로 되지 않게 하신다"라고 말한 것처럼, 하나님은 오히려 실수를 사랑의 새로운 재료로 사용하십니다. 이것이 예레미야가 토기장이를 보았을 때 하나님께서 그에게 주신 은혜의 환상인 것입니다(렘 18:1-6). 토기장이가 못쓰게 된 토기를 버리는 것은 당연한 일입니다. 그러나 "그는 그 상한 토기를 가지고 그가 기뻐하는 다른 토기를 다시 만듭니다." 하나님께서도 우리가 진심으로 하나님 앞에 스스로를 낮출 때, 이 토기장이와 같이 행하시기를 기뻐하십니다. 상한 토기와 같은 우리의 삶과 사람들과의 복잡한 관계를 다시 만드시길 기뻐하십니다. 그리고 우리가 십자가에서 회개한 사람들로서 안식을 취할 때 그리고 우리가 걸어가야할 길을 보여주실 때, 우리는 하나님이 우리에게 주시는 새로운 삶의 목적을 보게 됩니다. 혼란의 상태에서 그의 명령을 보게 하시고, 오직 하나님을 경배하고 찬양하는 자로 남게 하십니다.

물론 **연단**이 하나님께서 역사하시는 새로운 목적과 관계가 없을 수 있지만, 은혜는 이 연단을 우리가 안식을 얻게 되는 **무한한 좋은 것**으로서 보증합니다. 이와 같이 그리스도의 보혈은 우리의 죄뿐만 아니라 우리의 죄와 관계된 모든 환경에까지 영향을 미칩니다. 이것이 바로 위대하신 하나님의 은혜를 증거하는 그리스도의 보혈의 능력입니다. 후회하는 심령과 괴롬 받는 영혼들에게 무한한 안식과 평화를 가져다주는 능력입니다.

안식이라는 단어는 우리가 삶에서 무엇이 부족한지 또한 보여주는 단어입니다. 우리는 남을 사랑하는 것에 부족하고, 믿음이 부족하며, 기도가 모자란다는 것을 잘 압니다. 하지만 이미 우리가 앞에서 살펴본 것과 같이 사탄은 우리의 이런 부족한 모습을 스스로 해결해 보려고 애쓰도록 우리를 부추기고 자아비판하게 만듭니다. 그러나 성령께서는 우리의 죄를 가지고 갈보리 언덕으로 가도록 인도하십니다. 그리고 우리로 회개하게 하시고 모든 문제로부터 안식을 얻게 하십니다.

그러나 너무나 자주 우리는 이것을 "돌아서서 결심하기만 하면 너희는 구원을 얻으리라"는 의미로 이해하려고 합니다. 우리가 다른 사람들을 사랑하지 않는다는 것을 깨닫게 된다면, 더욱 사랑하려고 노력해야 합니다. 또 어떤 일을 통해서 믿음이 부족하다는 것을 깨닫게 된다면, 더욱 열심히 믿으려 노력해야 합니다. 우리가 마땅히 기도할 바를 게을리 한다는 것을 깨닫게 된다면, 앞으로 얼마나 더 열심히 기도할 것인지를 결심해야 합니다. 그러나 이 모든 일이 그리스도의 공로로 힘있는 것이 아니라, **내가** 어떻게 해결해야 하는 일이라고 생각하는 것이 바로 문제입니다. "내 속에는 (나의 육체 속에는) 선한 것이 거하고 있지 않다"는 사실과 그 속에서 우리가 얻을 수 있는 유익은 아무것도 없다는 사실을 반드시 알아야 합니다.

성령님은 우리가 더 나아지려고 노력하기보다는 먼저 우리 안에 있는 죄를 깊이 회개하길 원하십니다. 그리고 누군가를 더 사랑하려고 노력하기 보다는 먼저 그 사람을 투기하고 비난하던 우리의 마음을 회개하길 원하십니다. 우리가 회개할 때 성령님은 우리의 죄를 용서받은 십자가에서 안식을 취하게 하시며, 평화를 누리게 하십니다. 이 낮은 자리에서 죄인인 우리가 안식을 얻게 될 때 예수님께서는 우리의 마음에 다른 사람들을 향한 자신의 사랑을 부어 주십니다. 그리고 그 사랑으로 우리는 다른 사람들과의 관계를 회복하게 되며, 예전에는 없던 관용을 베풀게 하십니다.

이 낮은 자리에서 우리의 모든 걱정거리들을 내려놓게 하시며, "하나님의 아들의 믿음"(갈 2:20)을 주십니다. 그리고 그곳에서 성령님은 그가 원하시는 헌신의 모습으로 우리를 인도하십니다. 따라서 "다른 길로 기어올라 가려는" 노력 대신에, 우리는 그의 십자가 앞에서 머리를 숙이고 회개하며 그 문으로 들어가 승리하게 됩니다. 이러한 과정 속에서 "내 속에 내가 아니라 그리스도께서 살아 계신다"라는 고백을 하게 됩니다. 그 길은 우리의 것이 아니라, 그분의 사랑과 인내와 승리로 통하는 길로 우리가 들어가는 것입니다. 그러므로 "돌아서서 안식을 취하는 너희는 구원을 얻으리라"는 말을 경험하게 되는 것입니다.

이 구원의 약속은 다음의 예화를 통해서 잘 이해할 수 있습니다. 동아프리카에는 오랫동안 부흥의 중심부가 되어 왔지만 영적 침체기에 빠진 지역이 있었습니다. 그리고 그 지역 신자들 사이에 있던 기쁨의 간증은 사라진지 오래였습니다. 모두가 인정하는 영적 기근이 계속되었습니다. 그때 아프리카의 다른 지역에서 신앙생활에 열심을 내는 한 그리스도인이 찾아왔는데, 그는 자신이 "모든 문제의 해결을 안다"고 생각했습니다. 그는 그들의 영적인 냉담함을 다음과 같이 비판했습니다.

> 옆 동네가 저렇게 이교적인데도 불구하고 당신들이 그들에게 복음을 전하지 않는다는 것은 놀랄 일도 아닙니다.

그리고는 그들에게 열심히 일할 것과 야외집회를 개최할 것을 말했습니다. 그런데 한 지역모임의 경건한 지도자가 다음과 같은 지혜로운 말로 그에게 대답했습니다.

> 당신의 말이 옳습니다. 우리는 더이상 뜨겁지 않습니다. 그래서 우리는 이 사실을 인정하고 하나님께 회개했습니다. 하지만 우리는 축복을 다시 찾기 위해서 거리에서 설교를

한다거나 우리 스스로 무언가를 시도하려고 애쓰지 않으려고 합니다. 우리는 하나님께서 다시 우리를 만나 주시기를 기뻐하실 때까지 회개를 통해 죄인의 모습으로 예수님의 피 아래에서 안식을 취하려고 합니다.

그것으로 충분했습니다. 하나님은 즉시로 그들을 만나주셨고, 성령님은 그들 가운데서 다시 일하시기 시작하셨습니다. 모든 사람들은 예수님을 새로이 찬양하게 되었습니다. 은혜로 충만한 그들은 이교도 지역으로 물건을 구입하러 갈 때, 상점과 그외의 다른 곳에서 만나는 사람들을 향하여 예수님을 증거하지 않을 수가 없었습니다. 얼마 지나지 않아 한 사람이 구원을 받았고, 또 다른 사람이 그리고 또 다른 사람이 구원을 받았습니다. 그곳에서 은혜의 사역이 시작되었던 것입니다. 그들은 회개와 안식의 능력을 발견했습니다. 그것은 예수 그리스도 그 자신이 그들 속에 가져다 주신 것이었습니다. 자신들을 위하여 그리스도가 십자가에서 이루신 모든 역사의 능력을 보았기 때문에 오직 그 방법을 취하지 않을 수 없었습니다.

성령님이 일하시는 것은 사탄과 얼마나 다릅니까! 사탄이 오직 실패와 멍에와 고행을 가져다 주기 위해서 우리를 비난하고 있을 때, 성령님은 오직 안식과 자유와 휴식을 가져오시기 위해서 일하십니다. 참으로 이 사실을 통해 우리는 성령의 **책망**과 사탄의 **비난**을 구별하는 것을 배우게 됩니다. 만약 어떤 잔소리가 분명하고 구체적이기보다는 끝없는 비난이나 분명치 않은 힐책이라면, 우리는 그것이 일반적으로 사탄의 정죄라는 것을 알아야 합니다. 반면에 그 책망이 분명하고 구체적이라면, 우리가 '예'라고 자동적으로 대답할 수 밖에 없다면, 우리로 하여금 회개하도록 하고 평화와 안식을 준다면, 이는 은혜로우신 성령님의 목소리로 확신해야 합니다. 그리고 그 확신 위에 온전히 순종하며 갈보리로 돌아서야 합니다.

> 열 개의 채찍을 가지고 있는
> 율법 아래에서
> 아! 그것이 얼마나 진실한가를 배운다.
> 내가 더 잘하려고
> 노력하면 노력할수록
> 나는 더 빨리 죽어가네.
> 율법은 나에게 외치네.
> 너! 너!! 너!!!
>
> 희망 없는 전쟁과 같은 격노함은
> 여전히 계속되니

나는 외친다.
"오! 너, 불쌍한 사람아"
나는 참회로 구원을 구했네.
내 영혼은 외치네.
나! 나!! 나!!!

내 투쟁이 멈추는 한 날이 왔네.
그날에 내 모든 혈관이
떨림을 그쳤다네.
한 사람이 나를 위하여
죽으신 나무 아래에서
나는 흐느껴 울었다네.
그가! 그가!! 그가!!!

We Would See Jesus

예수님을
바라보라

Roy Hession

9장

길이신 예수님을 바라보라

문이신 주 예수님을 바라보는 것을 그리스도인의 삶의 **시작**으로 볼 수 있습니다. 이는 하나님께로 되돌아가 구원을 받기 원하며 죄의 정죄 아래 있는 거듭나지 않은 사람에게 반드시 필요한 소식입니다. 우리는 6장에서 넓게 열려 있는 이 문의 비유를 이미 예수님을 믿고 있는 **신자**에게도 적용했습니다. 신자도 때때로 냉담하고 좌절하며 오랫동안 그러한 상태에 머물러 있을 수 있기 때문입니다. 그리고 신자가 궁극적으로 주와 함께 보다 풍성한 삶으로 들어가는 특권이 그에게 오히려 위기가 될 수 있기 때문입니다. 어쨌든 그 문에서 계시되는 은혜의 원리가 그에게 있어 나중 문제가 되기도 합니다.

신자가 더 큰 축복으로 들어가는 것은 "우리 주 예수 그리스도를 통하여서"이고, 반드시 회개와 믿음에 의해서 들어가야 합니다. 이 사실은 독자가 7장을 읽으면서, 문에 대한 비유를 그리스도인의 삶의 시작이나 보다 큰 **위기의 경험**으로 이해하는 혼란에 빠지지 않도록 도와줄 것입니다. 이제 우리가 살펴보아야 하는 것은 신자가 그 문을 통과한 다음, 그의 삶에서 은혜의 경험이 어떻게 **계속**되는 지입니다.

그 문 뒤에는 무엇이 있습니까? 성경은 그 문이 우리를 집이나 정원으로 인도해 준다고 말할 수 있었습니다. 만약 이것이 사실이라면 주 예수님의 구원이 우리를 정적인 평화와 거룩함 속으로 인도한 것이며, 한 번 그 안으로 들어가면 우리들 편의 계속적인 협동 없이 모든 것을 즐기면서 그곳에 머무르게 되는 것입니다. 그러나 성경은 그 문이 우리를 집이 아닌 길로 인도해 준다고 말하고 있습니다. 예수님은 말씀하셨습니다.

> 생명으로 인도하는 문은 좁고 길이 협착하여 찾는 이가 적음이니라(마 7:14).

그 문은 곧바로 길로 연결되어 있습니다. "나는 문이다"라고 말씀하신 예수님은 이제 "나는 길이다"(요 14:6)라고 말씀하십니다. 그 길은 문 **너머에** 놓여 있습니다. 그러므로 그 문과 길은 모두 거룩하신 분이십니다.

그 '길'은 마지막 길이나 고정된 축복의 길이 아니라, 계속적인 경험의 길, 걸음의 길로 묘사되어 있습니다. 걷는다는 것은 현재에 무언가 일어나는 계속적인 반복의 걸음을 의미합니다. 한 발자국 후에 다음 발자국이 오듯이, 하나의 '현재' 후에 다음의 '현재'가 오는 것입니다. 이는 우리의 그리스도를 통한 경험은 언제나 계속적인 **현재시제**이며, 영광스러운 '현재'라는 것을 보여줍니다. 지금 **이 순간** 우리는 예수님을 통하여 하나님과의 평화를 맛보게 되고, 이 순간 후에 그와 함께 살아 있는 교제를 맛보게 되는 다음 순간이 있게 됩니다. 그리고 계속해서 그 다음 순간이 반복되는 것입니다.

과거의 위기는 우리를 도와줄 수 없습니다. 물론 문을 경험하는 것은 필수적이지만, 이제 과거가 되었습니다. 우리는 그 문을 통해 그날에 구원받고 성화되었다고 증거할 수 있습니다. 하지만 하나님은 우리가 계속적으로 과거가 된 그 일을 들먹이기보다는 **현재**인 매순간 우리에게 필요한 모든 것을 주시는 그분과 함께 살아가기를 원하십니다. 이러한 걸음은 걸을 수 있는 길이 필요합니다. 포장된 고속도로를 쉽게 달리는 현대인이 거의 불가능해 보이는 지형 위에 대륙을 통과하는 길을 만들었던 우리 조상들의 모습을 상상하기란 어렵습니다. 미개척 지역이 개발될 때마다 가장 먼저 진행되어야 했던 일은 언제나 고속도로를 건설하는 일이었습니다. 아무리 세계에서 가장 좋은 자동차라 할지라도 길이 없다면 아무 소용이 없습니다.

이 비유를 영적인 측면에서 생각해 보겠습니다. 하나님께서 우리로 하여금 계속적인 현재시제인 그와의 교제 속에서 걷기를 원하신다면, 우리는 이제 '어떻게'라는 질문을 하게 됩니다. 우리가 처해있는 상황에서 어떻게 그런 계속적인 걸음을 즐길 수가 있겠습니까? 우리 속에 있는 악한 성향들과 우리 주변에 널려 있는 죄의 유혹을 보게 된다면, 우리는 도저히 건널 수 없는 수렁에 직면하게 됩니다!

우리에게는 길이 필요합니다. 더구나 우리같은 어리석은 나그네들이 평화와 안도감을 가지고 걸을 수 있는 질서의 길이 필요합니다. 하나님께서는 우리를 위해서 그런 길을 준비하셨습니다. 우리를 위해서 문을 준비하신 그분이 문을 통과한 우리에게 반드시 필요한 길을 준비하신 것입니다. 이 말씀은 오래 전부터 예언되었습니다. 이사야와 같은 선지자들은 간절히 그 말씀을 기다렸습니다.

> 거기 대로가 있어 그 길은 거룩한 길이라 일컫는 바 되리니

깨끗지 못한 자는 지나지 못하겠고 오직 구속함을 입은 자들을 위하여 있게 된 것이라…오직 구속함을 얻은 자만 그리로 행할 것이며(사 35:8-9).

우리같은 자들을 위해 성별된 그 길은 곧 주 예수님 자신이십니다. 예수님은 "나는 길이요"라고 말씀하셨습니다. 그 길의 양쪽 편에는 죄의 수렁이 있습니다. 그러나 그 수렁 위로 곧게 뻗어있는 길은 우리의 방황하는 발걸음에 정확히 맞추어 놓여 있는 대로입니다. 그 길은 곧 주 예수님 그분 자신이십니다.

이것이 초대교회의 그리스도인들이 그리스도인의 삶에 대해 가지고 있었던 개념이었습니다. 사도들의 행적에는 언제나 길이신 주 예수님 안에서 발견한 것에 대한 언급이 있습니다. 사도행전은 기독교가 "이 길"을 여섯 번 표현합니다(행 9:2; 19:9, 23; 22:4; 24:14, 22).[1] 참으로 사도행전은 그 이름 외의 다른 이름은 말하지 않습니다. 예수님은 문이실 뿐만 아니라, 그분 위에서 그리고 그분과 함께 계속적으로 기쁘게 걸어갈 수 있는 길이시기 때문입니다. 따라서 '문'은 시작이나 고비를 말하고, '길'은 이후에 계속적으로 이어지는 것을 말합니다. 그리고 이 둘은 모

---

1) 개정역(Revised Version)은 "이 길"을 흠정역에서 보다 더욱 명백하게 위의 본문에서 지적하고 있다.

두 주 예수님 안에서 완전하게 준비되어 있습니다.

이제 문으로 들어가는 것보다 더 중요한 것이 한 가지 있다고 한다면 그것은 길을 걸어가는 것입니다. 문으로 들어감으로써 그 걸음은 우리 삶의 목적으로 우리를 올바르게 인도합니다. 그러나 가장 커다란 어려움 또한 바로 이것입니다. 우리가 그 문을 통과할 때의 편안함과 비교해서 그 걸음은 참으로 어렵게만 보입니다. 처음 시작할 때는 매우 선명하게 보이던 하나님과의 교제를 유지하는 것이 매우 어렵게 보이기만 합니다. 우리의 마음속에 그의 평화를 유지하는 것이 어렵고, 은혜로운 봉사의 여러 가지 모양들을 수행하는 것이 어렵게만 보입니다. 그리고 기도와 성경읽기와 예배가 비현실적으로 다가옵니다.

우리는 그리스도를 효과적으로 증거를 하는 일과 온유함과 거룩함을 증거하는 일이 어려운 것임을 발견하게 됩니다. 문으로 들어온 우리 중의 많은 숫자가 실제로는 그 길을 전혀 걷고 있지 않으면서 시온산을 바라보고 있습니다. 우리는 하나님께서 예비하신 그 길에서 미끄러져 고통스럽게 길 양편에 놓인 수렁으로부터 발걸음을 끌어올리고 있는 것입니다. 종종 나는 그리스도인이 그러한 상황에 빠졌을 때 "꼼짝 못하고 잡혔다"라고 표현하는 것을 듣습니다.

근본적으로 이러한 어려움은 우리가 **예수님**을 길로 보지 않고 다른 것들로 길을 만들려고 시도하기 때문입니다. 하지만 이런 시도는 결국 실패하고 맙니다. 어떤 사람들은 그리스도인의 삶에 있어서 가장 중요한 것으로 기도를 말합니다. 어떤 사람들은 성경공부를, 어떤 사람들은 신자 간의 친교를, 또 다른 사람들은 간증을, 어떤 사람들은 심지어 교회와 성찬예식을, 또 어떤 사람들은 그리스도인의 이웃봉사를 가장 중요한 것으로 놓고 그것을 길로 만들려고 합니다. 그리고 만약 이렇게 행한다면 우리가 진정으로 충만한 그리스도인의 삶을 살게 될 것이라고, 이런 노력으로 길을 만들 수 있다고 생각합니다. 그러나 이들 중 어떤 것도 길이 될 수 없습니다. 단지 이런 노력과 시도는 그리스도인의 삶을 어렵고도 무력하게 만들 뿐입니다.

먼저 이런 것들은 죄에 대해서 아무런 대답을 해주지 않습니다. 그러나 죄는 언제나 그리스도인들에게 문제입니다. 사탄은 우리의 마음에 잘못된 반응을 불러일으키는 방법들을 잘 알고 있습니다. 기도, 간증, 친교, 교회출석과 같은 것들은 죄를 정결케 해주지도 못하며, 죄된 양심에 평화를 주지도 못합니다. 행위를 통해서는 죄에 대한 아무런 대답도 기대할 수 없으며, 결코 그리스도인의 길이 되지 못합니다.

이러한 행위의 가치는 우리가 그것들을 행하는 여부에 달려 있습니다. 그러나 행위는 그저 우리에게 어려움일 뿐입니다. 적어도 우리의 양심이 그 일들을 마땅히 행해야 한다고 말할지라도, 전혀 온전하게 행하지 **못하는** 우리를 보게 됩니다. 그리고 결국 행하는 것에 실패하기 때문에 행위는 우리에게 필요한 평화를 가져오는 데 실패합니다. 또한 만약 우리가 그것들이 요구하는 만큼 행해야 한다면, 우리 속에는 교만의 가중한 죄악만이 남아 있을 것입니다. 행위는 우리에게 평화를 가져오지 못했을 뿐만 아니라, 행위를 통한 영적 삶의 추구는 다른 길로 나아가려는 아주 해로운 것입니다. 도달할 수 없는 기준과 완벽하게 수행되지 못할 의무는 양심을 압박하고 정죄합니다. 그리고 우리는 그 무거운 길 아래에서 탄식하며 겨우 겨우 발걸음을 옮기게 되는 것입니다.

바울은 이런 경험에 대해서 다음과 같이 언급했습니다.

> (**만약** 내가 지킨다면) 생명에 이르게 할 그 계명이 내게 대하여 (내가 **지키지 못했기 때문에**) 도리어 사망에 이르게 하는 것이 되었도다(롬 7:10).

"나는 기도를 믿는다."
"나는 증거를 믿는다."
그 밖에 이와 비슷한 이야기를 하는 사람들은 바로 그가 고백한 것에 의해서 언제나 터무니없는 결말을 보게 됩니다. 왜냐하면 조금 늦거나 조금 빠른 차이가 있을 뿐, 결국 그는 바로 그것들에 얽매이게 되기 때문입니다. 이 도달할 수 없는 기준들은 사람을 성가시게 비난할 뿐만 아니라 그것들의 발목을 잡습니다. 행위의 법 아래에 있는 사람들은 모두 저주 아래 있습니다. 왜냐하면 도덕법에 의할 것 같으면 그들이 믿기로 고백하고, 행하기로 고백하는 모든 것들을 계속해서 행하지 않는 모든 사람에게 저주가 있는 것이기 때문입니다(갈 3:10).

예수님은 갈보리에서 "우리를 위하여 저주를 받으사", 우리가 기준에 달성하지 못해서 받는 저주로부터 우리를 구원하시기 위해서 오셨습니다(갈 3:13). 그러므로 우리가 저주를 받지 않고 믿을 수 있는 유일한 분은 예수님 한 분뿐이십니다. 오직 주 예수님 그분만이 길이십니다. 다른 어떤 길로 걸어가려는 기도는 결국 넘어지는 것이며 망하는 것일 뿐입니다. 하지만 이것은 우리가 기도와 같은 것들을 전혀 하지 않아야 된다는 것을 의미하지는 않습니다. 기도나 간증이나 그 밖의 것들은 물론 그리스도인의 삶에 있어서 중요한 자리를 차지합니다. 그러나 그것들은 결코 그 길이 아닙니다. 오직 주 예수님 한 분만이 길이십니다. 다른 어떠한 것도 우리의 휘청거리는 걸음에 맞지 않습니다.

어떤 사람들은 이런 노력들이 그 길 **자체**는 아니지만, **참** 길이신 그리스도께로 인도하는 길이라고 말할지도 모릅니다. 그러나 그리스도께 인도하는 길은 그리스도 그분 자신외에 다른 길이 **없습니다**. 오직 그리스도 자신만이 **길이십니다**. 길로 가기 위한 또 다른 길은 필요치 않습니다. 그 길로 가기 위해 다른 길이 필요하다는 것은 우리를 망하게 하고 우리로 하여금 참된 길에서 멀어지게 하는 것입니다. 왜냐하면 그것을 통해서는 그 길로 갈 수 없기 때문입니다.

영국에 철도가 놓여지던 초창기의 몇몇 도시들은 철도가 그 지역을 통과하는 것을 반대했습니다. 엔진에서 나오는 불꽃이 땅에 옮겨 붙게 될지도 모른다는 염려 때문이었습니다. 그래서 그런 지역에서는 정거장이 도시의 외곽에 세워지게 되었는데, 후에 그 도시의 많은 사람들에게 불편을 주게 되었습니다. 그러나 그리스도는 이런 길과 다르십니다. 그분은 우리의 필요와 가난 속에서 늘 우리 곁에 계시기 때문입니다. 그분은 우리 **가운데**, 우리와 **함께** 계십니다. 이밖의 다른 표현은 복음의 달콤함을 빼앗아버리는 것에 불과합니다.

우리는 이제 그렇다면 은혜의 방편이 어디로부터 오는지에 대해 묻게 됩니다. 그리고 그것의 본연의 자리는 어디인지 묻게 됩니다. 켈리포니아 주 오클랜드의 웨슬리 넬슨 목사(Rev. Wesley

Nelson)가 최근에 쓴 글은[2] 이 질문에 좋은 대답을 해줍니다. 그의 글은 이 두 질문을 명쾌하게 대답해주며, 우리가 지금까지 이야기한 것들을 잘 요약해 줍니다.

> 기도는 그리스도와의 교제를 통해 다시 소생됩니다. 그래서 많은 사람들이 기도를 그리스도께로 가는 길로 생각하며, 그에게로 더 가까이 가기 위해서 더욱 뜨겁게 기도하려는 헛된 시도를 하는 경향이 있습니다. 성경은 그리스도를 증거합니다. 그리고 그리스도가 가까이 계실 때 성경은 새로운 책이 됩니다. 그래서 그를 더 잘 알기 위해서는 성경을 읽거나 연구하지 말아야 한다는 고민거리가 있는 것입니다.
>
> 예수님은 기도로 가는 길이신 것처럼 성경으로 가는 길이십니다. 그리스도의 영은 성경이 읽혀지기 전에 성경의 페이지를 통해서 반드시 말씀하십니다. 매일의 개인 경건 시간은 그리스도를 친밀하게 아는 사람들에게 보다 축복된 경험이 됩니다. 하지만 사람들은 때때로 이것을 그리스도께로 가는 길로 간주하려는 경향이 있습니다. 하지만 이런 경건생활을 유지하려는 책임감은 고통을 겪고 있는 양심에게 짐을 덧붙여줄 뿐입니다.

---

[2] Wesley Nelson, *Captivated by Christ* (Fort Washington: Christian Literature Crusade, 1956).

양이 목자를 찾기 위해서 잔잔한 물가로 가지 않습니다. 목자가 양들을 잔잔한 물가로 인도합니다. 그리스도는 우리에게 그리고 우리가 있는 곳에서 지체없이 일하십니다. 예수님은 예배의 다양한 방법들로 가는 길이십니다. 그는 우리 개개인의 영적 필요에 가장 알맞은 예배와 개인 경건생활의 여러 가지 모습으로 인도하십니다.

만약 우리가 기도와 그의 말씀을 읽음으로 경건생활을 계속적으로 표현하지 않는다면, 영적으로 침체 되어 있거나 하나님으로부터 멀어졌기 때문입니까? 이것은 분명히 우리의 영적 상태를 보여주는 것입니다. 일반적으로 사람들은 성경을 보다 규칙적으로 읽고 기도하는 것이 영적 침체에서 벗어나는 길이라고 생각합니다. 그러나 우리의 침체된 상태와 그렇게 만든 원인을 회개하고 죄사함을 다시 얻는 것은 오직 주 예수님께로 직접 되돌아가는 방법 밖에는 없습니다. **그렇게 할 때** 기도와 그의 말씀을 공부하는 것이 다시 한 번 그분의 임재하심의 영광으로 충만하여지며 기뻐하게 되는 것입니다. 그리고 다른 사람들을 향하여 말하는 우리의 증거가 날마다 새로워지고 계속되어지는 것입니다. 얼마나 간단합니까! 물론 예수님을 바로 알기 위해서는 우리는 반드시 기도해야하며, 변함없이 하나님은 우리에게 말씀을 통해서 역사하십니다. 그러나 이러한 과정에서 우리는 경건생활이 예수님께로 인도하는 길이 아니라, 예수님께서 우리를 경건생활로 인도하시는 길이심을 깨닫게 됩니다.

이제 보다 적극적으로 길이신 예수님을 살펴보겠습니다. 예수님에게서 멀어질 때 죄인은 막힌 장벽에 직면하게 되며 성도는 건널 수 없는 수렁에 직면하게 됩니다. 장벽이나 수렁은 모두 '죄'를 의미합니다. 만약 죄인의 들어감을 막는 것이 죄라면 성도의 나아감을 방해하는 것도 죄입니다. 세상에서 죄로 둘러싸여 있고 그 마음에 죄가 가득한 자가 어떻게 하나님과 교제하며 동행하겠다는 희망을 가질 수 있습니까? 만약 죄인에게 문이 필요하다면 성도에게는 길이 필요합니다. 예비하신 그 길로 행하며 죄의 수렁을 통과할 때(아니, 그 **위를** 걷는다고 하는 표현이 더 어울릴 것이다), 성도는 안식과 기쁨과 능력 가운데에서 걷게 됩니다. 앞서 말한 것과 같이 예수 그리스도는 들어가는 문이시며, 안식과 기쁨과 능력의 길이십니다.

여기서 가장 중요한 것은 그분을 문이 되시고 길이 되시게 한 것을 아는 것입니다. 주 예수님을 '문' 되시게 한 것은 그의 가르침이나 그의 생애가 아니라, 그의 십자가이며 그의 보혈이고 죄에 대해 이루신 모든 일인 것입니다. 우리를 위하여 그분을 '길' 되시게 한 것 또한 그의 보혈과 그가 십자가에서 이루신 모든 일인 것입니다. 그리스도인의 삶의 시작에 있었던 구속이 모든 길에서도 계속되는 구속입니다. 우리 가운데 죄가 들어오기 이전에 이 길은 죄의 존재를 예상, 감안하고 이미 그 죄를 해결한 길입니다.

우리가 만들어 낼 수 있는 우리의 최악의 모습도 예수님을 놀라게 하지 않을 것입니다. 죄에 대한 대답은 항상 거기에 있습니다. 진실로 예수님 자신이 그 길이시라는 사실이 대답입니다. 여기에서 죄가 있는 성도는 결코 실망할 필요가 없으며 괴로워할 필요가 없습니다. 왜냐하면 그의 죄는 이미 씻겨졌으며, 하나님과의 교제는 그 죄가 고백된 바로 그 순간에 용서받기 때문입니다. 하나님께서 자신이 몰랐던 죄들을 보여 주실 때, 즉각적으로 진실되게 그 죄를 인정하고 회개한다면, 자신이 몰랐던 수많은 죄악들을 통과하는 길에서 미끄러져 떨어지는 사람이 되지 않을 것입니다.

그러므로 우리는 이 길을 **보혈의 길**이라고 부르는 것입니다. 히브리서 10장은 하나님이 계시는 거룩한 성소로 들어가는 새롭고도 생명 있는 길은 곧 예수님의 보혈임을 명백하게 보여주고 있습니다(히 10:19-22). 그러므로 가장 더럽고 추한 죄를 범한 사람이라 할지라도 **담대함**으로 그들을 위해 성별되어진 그 길로 나아갈 수 있는 것입니다. 이사야 또한 다음과 같이 말하면서 이 길에 대한 똑같은 **안위**를 예언했습니다.

> 거기 대로가 있어 그 길은 거룩한 길이라 일컫는 바 되리니 깨끗지 못한 자는 지나지 못하겠고…오직 구속함을 얻은 자만 그리로 행할 것이며(사 35:8-9).

이사야가 말한 '거룩한 길'은 마치 금지된 듯한 느낌을 줍니다. 그리고 "깨끗지 못한 자는 지나지 못하겠고"라는 말은 마치 우리에게 허락되지 않은 것처럼 보입니다. 그러나 그 길을 누가 걷는다고 했습니까? "이때까지 결코 더러워지지 않은 사람"이나 "아주 드물게 죄를 지은 사람"이라고 본문은 말하지 않습니다. 오히려 "구속함을 얻은 자", 즉 죄를 많이 지은 더러운 죄인이지만 그리스도의 보혈로 인하여 구속함을 받고, 필요한 만큼 계속해서 깨끗하게 되는 사람이 걷는 길이라고 말합니다. 이 사실은 **우리로** 매일 하나님과 동행하고, 매 순간 하나님과 교제하는 기회를 제공하며, 살면서 겪게 되는 고투와 긴장으로부터 자유로워지게 합니다.

> 저가 빛 가운데 계신 것같이 우리도 빛 가운데 행하면 우리가 서로 사귐이 있고 그 아들 예수의 피가 우리를 모든 죄에서 **깨끗하게** 하실 것이요(요일 1:7)

이 길은 보혈의 길일뿐만 아니라 **회개의 길**이기도 합니다. 만약 그의 피가 예수님이 문이 되시게 하고 길이 되시게 하였다면, 그 문을 통과함으로 시작된 회개와 믿음은 그 길에서 계속적으로 반복되는 걸음인 것입니다. 구원받지 못한 사람들과 구원받은 사람들에게 주시는 서로 다른 두 개의 메시지가 있는 것이 아닙니다. 이 두 종류의 사람들에게 나타나신 분은 똑같은 주님이십니다. 그리고 그들에게 주님께서 요구하시는 반응은 회개입니다. 그리고 예수님의 피에 대해서 말할 때 우리는 반드시 이렇게 이해해야 합니다. 한편으로 그분의 보혈은 우리를 위하여 죄가 종결되었다고 선언합니다. 그리고 동시에 다른 한편으로는 우리가 죄를 인정하도록 명하십니다. 죄로 고백한 죄만을 사하여 주시기 때문입니다.

주 예수님께서는 "나는 길이요"라고 하시면서 덧붙이시기를 "진리요 생명이니라"고 하셨습니다. 이 두 가지 말씀은 새로운 사실을 소개해주는 말이 아닙니다. 단지 '길'을 재차 확인시켜주시는 것입니다. 주님께서 "나는 길이요, 즉 진리의 길이요 생명의 길이니라"고 말씀하신 것과 같습니다. 이 말은 진리의 빛이 활짝 트인 길 위에서 비춤으로 항상 우리의 진짜 모습과 죄를 드러낸다는 것입니다. 우리 마음의 생각과 반응, 우리 입술의 말, 우리의 손이 연출해내는 모든 행위가 진리의 빛이 비칠 때 **죄**로 드러나는 것입니다. 그리고 그때마다 우리는 하나님의 책망하심을 깨닫고 인정하고 회개해야 합니다. 요한은 이것을 "그가 빛에 계신 것처럼 빛 속에서 걷는 것"이라고 부르고 있습니다. 만약 그분의 빛 아래서 하나님께 '예'라고 대답하길 즐거워한다면, 우리는 서로 사귐이 있어야 합니다. 그러면 그의 독생자 예수 그리스도의 피가 모든 죄에서부터 우리를 깨끗하게 하실 것입니다.

그러나 '회개'와 '예'라고 대답하기를 거절한다면, 예수님과의 길은 멈추고 그 넓은 길에서 미끄러져 다음 죄를 잘 볼 수 없는 어두움에 처하게 됩니다. 그리고 계속해서 거절한다면, 곧바로 수렁에서 다시 한 번 고투를 겪게 될 것입니다. 그러나 언제든지 우리가 원하기만 하면, 그 순간에 다시 그 길로 돌아올 수 있다는 것에 하나님께 감사드립시다. 맨 처음에 문으로 들어서게 했던 회개와 주 예수님의 피를 믿는 믿음의 단순한 발걸음은 계속 반복되어야만 하며, 그 발걸음은 우리로 빛 안에서 그와 함께 동행하도록 합니다.

> 만일 우리가 우리 죄를 자백하면 저는 미쁘시고 의로우사 우리 죄를 사하시며 모든 불의에서 우리를 깨끗케 하실 것이요(요일 1:9).

7장 길이신 예수님을 바라보라

이것이 이사야가 말한 거룩한 길의 의미입니다. 그리고 복음을 거룩한 것이라고 부르게 되는 이유입니다. 그래서 거룩의 가장 중요한 요소는 죄를 짖지 않는다는 것이 아니라, 죄가 찾아올 때 즉각적으로 그것을 증오하고 분별하며 예수님께 죄를 고백하게 되는 것입니다. 고린도전서 1:30은 예수님께서 "우리에게 거룩함이 되셨으니"라고 말합니다. 예수님은 우리 스스로 될 수 없는 분이 되십니다. 우리의 능력과 거룩함이 아닌 것을 우리 안에서 발견하게 됩니다. 그 능력과 거룩함은 바로 우리 안에 거하시는 예수님의 것입니다. 예수님이 주신 약속을 그 말씀 그대로 믿는 믿음과 더불어 회개를 통하여 승리가 찾아옵니다. 영광스러운 사실은 죄를 죄로 인식하고 그것을 주님께 고백하는 한 더 이상 우리는 망할 수 없다는 사실입니다. 예수님은 우리를 깨끗게 하시며 구원하실 뿐만 아니라, 그분을 믿는 그 순간 **예수님은** 우리의 승리가 되십니다. 이것이 계속적인 부흥이 아니고 무엇이겠습니까? 진리의 길은 곧 **생명**의 길입니다.

가장 중요한 것은 이 길이 **단순히 예수님과 함께 걷는 길**이라는 것입니다. 이 길에 대한 이사야의 예언에서 중심되는 구절은 "그가 그들과 함께 계실 것이다"입니다. 예수님은 스스로 길이시며 우리의 모든 책임이라는 짐을 어깨에 지시고 그 길을 걸어가시는 분이십니다. 우리는 예수님과 함께 쇼핑을 할 수도 있고 일을 하러 갈 수도 있습니다. 그분과 함께 집에서 허드렛일을 할 수도 있고 직장에서 큰 책임이 따르는 일을 할 수도 있습니다. 우리가 그 길로 갈 때 우리의 죄가 깨끗하게 된다면, 하루에도 몇 번이고 그분의 인도하심을 얻기 위해서, 그분의 도움을 청하기 위해서 그리고 그분의 사랑과 풍요하심을 찬양하기 위해서 예수님께로 돌아가야만 합니다.

우리는 인생의 어느 부분에서도 그분을 떠나 살 수 없습니다. 예수님의 임재하심은 우리가 행하는 모든 것 가운데에 **평화**를 가득 채우시기 위함입니다. 만약 평화가 방해를 받거나 흐트러지게 된다면, 죄가 들어왔기 때문이라는 것을 우리는 알아야 하며 회개해야만 합니다. 왜냐하면 우리 마음에 거하시며 우리의 죄로 인해 애통해하시는 성령님께로부터 오는 평화는 우리의 모든 생각과 행동의 중재자가 되시기 때문입니다(골 3:15).

주 예수님을 길로서 묘사한 이 장을 끝맺기 전에, 지역 교회에서 필요한 주의 백성의 숫자적인 부흥에 대한 문제와의 관련성을 짚고 넘어갈 필요가 있습니다. 성령님께서 선교단체나 성경학교나 교회에 오셔서 어떻게 사람들로 죄를 깨닫게 하시는지를 듣는 것은 우리에게 낯선 이야기가 아닙니다. 많은 그리스도인들이 죄를 깨닫고 회개함으로 주님 앞에 엎드러지고, 주변 사람들이 구원을 받기도 합니다. 우리의 심령이 그리스도의 보혈로 깨끗하게 되며 성령의 충만함을 받습니다. 엄청난 기쁨이 찾아오고 성령의 열매가 삶에 나타나기 시작합니다.

때로는 일상적인 시간이 정지되기도 하는 이러한 경험을 겪고 난 후에 한층 더 높은 차원으로 회복된 생활을 경험하기도 합니다. 그러나 이렇게 **겸손해지고 깨끗해지는 시간의 체험을 계속적으로 받길 원하는 사람은 아무도 없는 듯합니다.** 아니 슬프게도 없다고 말할 수 있습니다. 놀라운 축복의 시간이 지난 지 얼마 되지 않아 곧 예전의 모습과 그리 다르지 않게 됩니다. 그리고 점차 새로운 삶은 희미해지기 시작하고, 생명으로 가득 차 있는 것으로 보여지던 높은 차원의 삶은 없어지는 듯 보입니다. 얻었던 **모든** 것을 다 잃어버린 것은 아니겠지만, 현재의 상태와는 너무나 고통스럽게 비교되는 찬란했던 기억은 전혀 남아 있지 않습니다. 그리고 이런 경험은 개인에게도 나타납니다. 그리고 "내가 알고 있었던 축복이 지금은 어디에 있는가?"라며 애통하게 됩니다.

그렇다면 무엇이 잘못 되었습니까? 부흥을 경험하면서 우리는 문의 경험이라고 묘사한 위기를 경험하게 됩니다. 성령께서는 우리의 죄를 깨닫고 회개하게 하셔서, 우리를 평화와 승리로 인도하시는 분이신 예수님을 바라보게 하십니다. 그러나 우리가 체험하는 회개와 깨어짐과 회심을 인정하는 발걸음은 문을 통과하는 것**뿐만 아니라** 계속해서 이어지는 **길**의 여정이라는 사실을 바라보지 않게 됩니다. 그 겸손한 발걸음이 하나님과의 평화로운 교제의 상태로 이끌어가는데에 **필요**하다는 것을 우리는 반드시 알아야 합니다. 그러나 우리는 이 발걸음을 자주 반복하지 않으려 합니다. 우리는 이 축복이 좀 더 오래 지속될 것이라 생각합니다! 하지만 그것은 잘못된 생각입니다. 그 겸손한 발걸음은 자주 **반복**되어야만 합니다. 그 발걸음은 영적인 **습관**이 되어야만 합니다. 위기는 우리를 **발걸음으로** 인도하고, 위기의 시간을 걸은 발걸음을 계속 반복하도록 인도합니다.

주 예수님은 문이실 뿐만 아니라 **길**이십니다. 그리고 우리가 평화와 능력과 안식의 길로 반복해서 걷는 그 발걸음이십니다. "그러므로 너희가 그리스도 예수를 주로 받았으니 그 안에서" **계속해서** "행하되"(골 2:6). 만약 우리가 그분의 임재하심과 능력을 알려고 한다면, 우리편에서의 계속적인 회심의 노력이 있어야 합니다. 죄는 우리를 끝없이 유혹하기 때문에, 우리는 계속해서 예수님 앞에서 깨어지고 회개하며 그분의 보혈로 죄 씻음을 받아야만 합니다. **고정적인** 평화와 거룩함은 없습니다. 부흥과 거룩함과 승리는 주님과의 지속적인 동행을 의미합니다.

언젠가 수년 간에 걸쳐서 부흥이 계속되었던 동아프리카의 한 선교현장에서 오신 선교사님에게 질문을 했던 적이 있습니다. 그곳의 교제는 어떤 모습을 보이는지 관찰한 대로 말해달라고 물었습니다. 그는 잠시도 지체하지 않고 "**현재** 예수님과 함께 사는 것이다"라고 대답했습니다. 그들은 참으로 주 예수님을 길로서 발견했던 것이었습니다! 이제 그 말은 잃어버린 체험을 상기시키는 말이 되었습니다. 성령으로 충만한 놀라운 체험은 때로 우리에게 축복이기보다는 저주가 될 수도 있다는 것을 보여줍니다. 왜냐하면 그러한 경험을 잃어버렸을 때 사탄은 그 기억을 사용하여 우리를 괴롭히며 비난하기 때문입니다. 생명으로 인도하기 위해 예비된 체험이 죽음으로 인도하는 것으로 되는 것입니다.

그보다 더 큰 문제는 사탄이 과거의 경험을 이용해서 우리로 하여금 행위에 의존하여 그 과거의 경험을 되찾으려 노력하도록 부추긴다는 것입니다. 문제를 해결하기 위해 이러한 방법을 사용하는 것은 암흑과 자포자기의 상태로 점점 더 들어가게 되거나 모든 노력을 수포로 돌아가게 합니다. 그 길로 돌이키는 것은 간단한 일이지만 그 길이 우리 눈에 잘 띄지 않을 수 있습니다. 예수님께서 주신 **축복**에서 눈을 떼고 그 축복들을 다시 얻으려고 애쓰기를 그만두는 것은 간단합니다. 그리고 **우리의 모습 그대로** 그리고 **우리가 처해 있는 바로 그곳에서 예수님을 바라보는 것**도 간단한 일입니다. 그러면 예수님께서 그분과 우리 사이의 관계에서 잘못된 것들을 보여주실 것입니다. 그리고 우리는 머리를 숙여 회개하고 다시 한 번 그를 발견하게 됩니다. 그리고 이 순간은 이전의 어느 때보다도 더욱 값진 시간이 될 것입니다.

이제 그 길은 보혈의 길, 회개의 길, 예수님과의 동행과 같은 다양한 표현으로 이해될 것입니다. 그리고 이 다양한 표현들은 모두 같은 의미를 나타냅니다. 그리스도는 길이시며, 그 길 위에서 그분의 구속은 계속적으로 체험됩니다. 초대교회가 걸어온 이 길은 오랫동안 하잘 것 없는 인간의 노력과 가르침의 미로 속에서 잊혀지고 각종 난해한 형태의 행위로 꾸며졌습니다. 예레미야가 말한 것처럼 우리는 옛 길에서 넘어지게 되었으며 닦지 않은 길(렘 18:15), 회개도 구원의 기쁨도 없는 길로 걸어갔던 것입니다. 우리는 "옛적 길 곧 선한 길이 어디인지 알아보고 그리로 행해야만 할"(렘 6:16) 필요가 있습니다.

We Would See Jesus

예수님을
바라보라

Roy Hession

8장

목표이신 예수님을 바라보라

지금까지 우리는 예수님의 보혈의 길 그리고 그 길을 회개와 진정한 깨어짐으로 걸어야만 하는 필요성에 대해서 보았습니다. 이제 우리는 이렇게 묻습니다. 그 길은 과연 어디로 인도하는 길입니까? 그리고 그 길을 가는 **목적**은 무엇입니까? 이는 중요한 질문입니다. 왜냐하면 그리스도인이 삶을 살아가면서 우리 안에서 자연스럽게 생기는 여러 목표는 하나님께서 명하신 이 길의 위대한 목표와 많은 차이를 보이기 때문입니다. 그리고 이러한 목표의 차이로 인해 그리스도인은 삶과 봉사 가운데서 끊임없이 좌절하기 때문입니다.

우리는 회개와 겸손과 자복의 길이 곧 우리가 **놀라운 능력으**

로 하나님을 섬기고 영혼을 구하고 교회의 수적 부흥을 가져오는 일에 사용되는 길이라고 자연스럽게 생각합니다. 바꾸어 말해서, 그 길이 곧 부흥과 영적인 성공으로 인도해 줄 것이라고 생각합니다. 주변에서 접하게 되는 훌륭한 하나님의 사람들에 대한 책들이 이렇게 믿게끔 만들어 줍니다. 그 책들 속에서 우리는 다음과 같은 사실을 알게 됩니다. 하나님 앞에서 부서지고 완전히 자기 자신을 부인할 때, 하나님께서 그들을 놀라운 능력으로 사용하시며, 그들에게 성령으로 충만한 체험의 시간이 찾아온다는 사실을 알게 됩니다. 그러므로 우리도 이와 같은 길을 걷기만 한다면, 바로 그 목표에 도착하게 될 것이라고 생각하는 것은 매우 쉬운 일입니다. 성령님의 책망하심을 받아들이고 보다 완전하게 회개와 자복을 하려고 할 때에 이러한 목표를 가지게 되며, 그 목표 속에 어느 날엔가 **우리**가 도달할 정신적인 초상이 숨어 있게 되는 것입니다.

전도사역 동역자가 저에게 했던 질문 때문에 당황했던 기억이 납니다. 그는 저에게 이렇게 물었습니다.

> 이 모든 일이 당신이 만남을 갖을 때에 더 큰 열매를 맺고 더 많은 영혼을 구했나요?

저는 그렇다고 대답할 수 있어야 했지만, 그렇다고 대답할 수 없었기 때문에 당황했습니다. 그의 질문처럼 되기를 저 자신도 진정으로 원하고 있었다는 사실을 느꼈습니다. 그리고 저 자신과 다른 사람들이 모두 기대하고 있던 목표였으며, 그런 결과가 나타나지 않았다는 것에 저는 마음이 흐트러졌습니다.

우리 중 모든 면에서 하나님과 우리 사이의 관계를 바로 세우려고 노력하는 사람들도 있을 것입니다. 왜냐하면 이러한 방법을 통해서 **행복**과 **평화**를 가져올 수 있고, 이것이 바로 우리가 늘 갈망하는 기쁘고 자유로운 인격이 되는 길로 생각하기 때문입니다. 그리고 **이것**이 우리가 마음에 간직하고 있는 목표입니다. 또 어떤 사람들은 자신의 깨어짐과 회개가 다른 사람들도 역시 회개하도록 자극할 것이고, 결국 가정의 어려움을 해소해 줄 것이라고 생각합니다. 그리고 그들에게는 **보다 편안한 가정 형편**이 주님께서 주시는 응답, 곧 목표입니다. 우리는 이보다 더 많은 예를 들 수 있습니다. 그리스도를 향한 우리의 온전한 반응이 인도하는 곳으로 그리고 그런 반응으로 인도하는 동기가 우리 안에 있는 목표라는 것을 우리 중 누구도 우리 안에 있는 목표를 찾기 위해서 우리는 우리 자신의 마음을 들여다볼 필요가 있습니다. 왜냐하면 이런 목표와 이와 유사한 목표들은 하나님께서 우리에게 허락하지 않으신 것일 수 있기 때문입니다.

그리고 이런 목표를 이루기 위한 수많은 애씀과 좌절감은 우리를 표현하는 잘못된 목표들이기 때문입니다.

예수님께서 말씀하신 그 길의 **진정한** 목표가 무엇인지 보게 된다면 이 의미를 분명하게 이해하게 될 것입니다. 이 점에 대한 예수님의 말씀은 요한복음 14장에 잘 기록되어 있습니다. "나는 길이요"라고 하신 예수님의 말씀을 따라 살펴보도록 하겠습니다. "내가 가는 곳에 너희가 그 길을 알리라." 예수님께서는 그의 제자들에게 놀라운 사실을 말씀하셨습니다. 그리고 도마는 (약간 회의적인 어투로) "당신이 어디로 가시는지 우리가 알 수 없으니, 우리는 그 길을 **알 수가 없습니다**"라고 대답했습니다. 그리고 예수님께서는 결론적으로 말씀하셨습니다.

> **너는 그 길을 알고 있다.** 왜냐하면 내가 곧 길이기 때문이다.
> 나를 앎으로써 **너는** 그 길을 알 것이다.

그 길이 인도하는 곳은 어디였습니까? 물론 그분이 가신 성부 하나님이 계신 곳입니다.

> 나로 말미암지 않고는 아버지께로 올 자가 없느니라(요 14:6).

예수님은 계속해서 제자들을 놀라게 하셨습니다.

너희가 나를 알았더면 내 아버지도 알았으리로다(요 14:7).

그러자 빌립은 혼란스러워하며 말했습니다.

주여, 아버지를 우리에게 보여 주옵소서. 그리하면 족하겠나이다(요 14:8).

이에 대한 대답으로 주님께서는 놀라운 말씀을 하셨습니다.

나를 본 자는 아버지를 보았거늘(요 14:9).

이렇게 해서 제자들은 그 길과 그 목표, 그 방향이 어디인지를 알게 되었습니다. 그것은 바로 예수님 자신이셨습니다.

우리에게도 역시 그분은 그 길이시며 목적지이십니다. 사람은 그분을 길이실 뿐만 아니라 목표로서 발견하게 됩니다. 따라서 우리의 필요를 만족시키기 위해 예수님이 아닌 다른 곳으로 가서는 안됩니다. 그분은 우리가 바라는 모든 것의 목표이시며, 그 목표로 가는 가장 간단하면서도 쉬운 길이십니다.

이런 관점에서 우리가 그동안 행해온 것들을 볼 수 있습니다. **우리는 예수님과 그분의 보혈을 길로서 이용했을 뿐, 목표는 예수님이 아닌 다른 곳에 두고 있을 때가 있습니다.** 우리가 찾고 있는 목표가 매우 바람직하게 보입니다. 그리고 오랜 시간 모든 것을 바로 세우기 위해 노력하고, 때로는 어마어마한 값을 지불하기도 합니다. 열심을 내는 어떤 사람들은 이렇게 기도하기도 합니다.

> 하나님, 저는 당신의 능력을 저의 사역 속에서 누리기 위해서 그리고 부흥을 얻기 위해서 어떠한 값이라도 치를 것입니다.

그러나 그러한 목표들의 언저리에 드리워져 있는 그림자 속에는 자신의 이익과 자신에게 영광을 돌리려는 교묘한 동기가 숨어있습니다.

그러므로 우리가 번민하며 올려드리는 기도임에도 불구하고 하나님께서 우리의 그러한 목표들을 이루는 것을 허락지 아니하신다는 사실에 놀랄만한 이유가 없습니다. 또는 우리의 동기가 자신의 이익을 구하는 데로부터 아무리 멀리 있다 할지라도 하나님께서 말씀하시는 목표와 이유에는 여전히 합당하지 않습니다. 우리의 목표는 오직 예수님이십니다. 우리가 부흥을 하거나 능력을 받는 것, 하나님께 쓰임 받는 것, 혹은 이런저런 축복을 받는 것은 우리의 목표가 아닌 것입니다. 하지만 **오직 예수님을 모시는 것입니다**. 죄가 우리로 하여금 그분의 손을 놓게끔 만들었으며, 구름이 그분의 사랑이 가득한 얼굴과 우리의 얼굴 사이에 끼여들어 왔습니다. 그래서 어떻게 해서라도 우리는 그분과의 관계를 회복하길 원합니다. 바로 이것만이 오직 우리가 회개의 길로 나아가는 이유가 되는 것입니다. 우리에게 **예수님을 바라보는 것** 이상의 다른 동기는 필요 없습니다. 예수님만이 우리의 목표이십니다. 그러나 슬프게도 우상에 불과한 다른 목표들이 우리의 마음속에서 그분의 자리를 쉽게 차지해 버립니다.

주 예수님으로부터 고침을 받은 열 명의 문둥병자 이야기는 이 사실을 잘 설명해 줍니다. 열 명 중에서 단 한 명만이 고침을 받은 후에 주님께로 돌아와 그분께 감사하고 하나님께 영광을 돌렸습니다. 다른 아홉 명은 문둥병으로부터 고침을 받아 얻게 된 새로운 삶을 열심히 즐기면서 그들의 길로 흩어졌습니다. 그들에게 있어서 주 예수님은 단지 목표를 향한 수단에 불과했으며, 그들의 목표는 건강한 삶이었습니다. 그러나 예수님의 발에 엎드려져서 자신을 고쳐주신 그분과의 교제를 갈망하는 그 한 문둥병자에게는 예수님이 그 길이실 뿐만 아니라 목표 그 자체셨던 것입니다.

주님은 당신 스스로가 우리의 영적 체험의 첫 순간에 누리게 되는 그리고 목표로 향하는 수단인 평화와 행복과 능력이 되시길 기뻐하십니다. 실로 자신의 이익을 좇는 죄에 거하는 사람들은 하나님께서 징계하실 만한 대상입니다. "임박한 진노에서 피하라"는 복음의 호소는 이렇게 자신의 이익을 추구하는 자들에 대한 호소가 아니겠습니까? 하나님께서는 우리가 예수님을 그리고 예수님의 십자가를 그 목표와 도피처로 향하길 **바라십니다**.

하나님은 잠시도 우리가 하나님 이외의 다른 목표를 향해서 가기 위해 당신을 수단을 삼는 것을 허락지 않으십니다. 하나님의 다른 모든 목표들이 우리를 만족시킬 수 없다는 사실을 잘 아십니다. 왜냐하면 우리는 하나님을 위해서 창조되었기 때문입니다. 그리고 예수님 안에서 안식을 얻기 전까지 우리에게 쉼은 없습니다. 그리고 설사 그곳에 도달하게 된다 할지라도 그러한 목표들은 그분의 마음을 흡족케 할 수 없습니다. 왜냐하면 예수님은 우리를 **하나님과 화목하게 하시기 위해** 십자가에 달리셨다고 성경은 말하고 있기 때문입니다(고후 5:19). 하나님은 "예수 그리스도에 의해서 그분 **자신에게** 자녀로서의 결연을 맺도록 우리를 예정하셨다"(엡 1:5). 그리고 예수님께서는 우리로 하여금 "깨끗하게 하사…친백성이 되게 하려 하사"(딛 2:14) **자기 자신을** 주셨습니다.

이와 같이 주님께서는 우리가 이런저런 목표를 위해 애쓰며 좇아다니면서 실망과 좌절을 겪도록 내버려 두십니다. 그리고 마지막에 찾아 오셔서는 이렇게 말씀하십니다.

> 나의 자녀들아, 너희가 너희 자신을 포기하고 회개하고 나에게 합당히게 행한다면, 보다 편안한 곳에 거하게 되며 놀라운 능력과 성공적인 봉사와 부흥을 얻게 되리라고 나는 너희에게 약속한 바가 없다. 하지만 내가 너희에게 약속한 바는 너희가 나와 함께 동행하며 내가 너로 죄를 깨닫게 하고 그 죄를 용서할 때, 이런 은사가 아닌 나를 소유하게 될 것이다. **나를** 너희의 목표로 삼아라. 그러면 그 목표를 분명히 갖게 될 것이며, 너희를 향한 하나님의 뜻 가운데에서 아무것도 부족함이 없는 만족감을 얻게 될 것이다.

그러나 부끄러운 사실은 이런 말씀이 우리에게 실망감으로 다가온다는 것입니다. 우리가 진실로 원했던 바는 그분이 아니라, 그가 주시는 은사들이며 교묘하고도 이기적인 이유에 의한 갈구였다는 것을 우리는 인정해야 합니다!

어떤 찬송작가는 이렇게 말합니다.

내가 열망했던 것은 당신이 아닌 다른 것들이었네.

바로 이것이 하나님께서 우리가 하나님 외에 다른 목표를 갖도록 허락하시지 않는 이유입니다!

이 사실은 저의 첫 교회 사역 당시 저를 당황케 하곤 했던 문제들을 설명해줍니다. 수년 전에 복음사역을 할 때, 그리스도인이 어떤 상황에서의 문제해결점이라는 생각이 들었습니다. 만약 죄의 방해가 있다면, 성령께서는 회심하지 않은 사람들 가운데에서 역사하실 수 없다고 생각했습니다. 그리고 이 견해에 대해서 다양한 성경본문이 뒷받침되고 있다고 생각했습니다. 만약 그리스도인이 자신의 죄를 회개하거나 하나님 앞에 합당하게 보인다면, 성령님은 타락한 자들 가운데에서 능력으로 자유롭게 역사하실 수 있다는 것이 명백한 사실이라고 생각했습니다. 그래서 저는 집회 첫 주에 그리스도인들에게 회개할 것을 외쳤습니다. 그리고 하나님께서는 그들에게 놀랍게 축복하셨고 진정한 십자가에서의 회개가 자주 일어났습니다. 하지만 둘째 주가 되어 아직 회심하지 않은 사람들에게 특별한 주의를 기울였지만, 마땅히 일어나야 한다고 생각했던 하나님의 역사가 일어나지 않았습니다.

이제야 그 이유가 명확해졌습니다. 우리가 회개를 한다거나 하나님 앞에 합당하게 보인다는 것은 영혼이 구원받는 것, 목표이신 예수님을 향한 수단에 불과한 것입니다. 우리는 언제나 하나님 앞에 합당한 자가 되기 위해 생각을 집중합니다. 그러나 그것이 바로 하나님께서 인치시지 않았던 이유였습니다. 우리는 하나님과의 일종의 계약으로서 '율법 아래서' 회개를 합니다. 우리는 결국 기도를 통해서 하나님께 열심을 냅니다. 그리고 영혼이 구원을 받을 때, 그 구원은 우리가 회개해서가 아닙니다. 그러나 하나님의 은혜로 말미암은 것입니다. 우리는 예수님을 사랑하기 때문에, 우리의 죄가 사랑에 가득 찬 예수님의 얼굴을 우리로부터 감추어버리면 우리는 예수님을 다시 찾기 원합니다. 그리고 우리는 하나님 앞에 바로 서야 합니다. 부흥하고 찬란한 빛을 가진 그리스도인들이 타락한 자들을 그리스도에게로 돌이키려는 데 있어 능력 있는 요인인 것은 사실입니다. 하지만 그것이 그들의 회개의 목표는 아닙니다.

그러나 우리가 이러한 것들을 목표로 삼으려 할 때에도 하나님께서는 우리가 처음에 구하지 않은 많은 것들을 주시기를 기뻐하신다니, 이 얼마나 놀라운 일입니까!

8장 목표이신 예수님을 바라보라

어찌 그 아들과 함께 모든 것을 우리에게 은사로 주지 아니
하시겠느뇨?(롬 8:32)

그리고 이 '모든 것'이라는 말 속에 하나님의 관대함이 드러
나지 않는다고 누가 말할 수 있겠습니까? 그리고 주 예수님을
위해서 그와 함께 걷기를 기뻐하는 자들에게 이 모든 것을 주시
지 않겠습니까!

이러한 사실을 가장 잘 표현한 것은 아마도 지혜를 구한 솔로
몬일 것입니다(왕상 3:5-13). 하나님께서 솔로몬에게 "내가 너에게
무엇을 줄꼬?"라고 물으셨을 때, 이 말씀은 마치 백지수표와 같
은 것이었습니다. 솔로몬은 자신의 이기적인 목표를 구하는 대신
에 "그러므로 당신의 종에게 당신의 백성을 판단할 수 있는 지혜
로운 마음을 주소서"라고 대답했습니다. 그리고 하나님 앞에 깨
어지고 그의 말씀을 듣기를 원하는 '듣는 마음'을 덧붙였습니다.

네가 이것을 구하도다 자기를 위하여 수도 구하지 아니하며
자기 원수의 생명을 멸하기도 구하지 아니하고 오직 송사를
듣고 분별하는 지혜를 구하였은즉 내가 네 말대로 하여 네게
지혜롭고 총명한 마음을 주노니(왕상 3:11-12).

하나님은 자신이 구하는 목표를 말한 솔로몬으로 말미암아 매우 기뻐하셨습니다.

솔로몬은 그가 구하는 바를 받았습니다. 그러나 그것이 전부가 아니었습니다. 하나님께서는 말씀하셨습니다.

> 내가 또 너의 구하지 아니한 부와 영광도 네게 주노니, 네 평생에 열왕 중에 너와 같은 자가 없을 것이라(왕상 3:13).

하나님께서는 솔로몬이 구한 것과 함께 다른 많은 것들도 함께 주셨습니다. 솔로몬이 자신의 이기적인 목표를 버리고 하나님을 목표로 삼았을 때, 하나님도 그렇게 행하셨습니다. 우리도 마찬가지입니다. 우리의 이기적인 것들을 목표로 삼지 않고, 오직 예수님을 목표로서 바라본다면, 하나님께서는 우리를 향한 그의 뜻 가운데서 모든 것을 주실 것입니다.

우리는 지금까지 그리스도께 **미치지 못하는** 목표들을 생각해 왔습니다. 그리고 때로는 그리스도 **저 너머의** 것들을 목표로 삼기도 했습니다. 회개의 중요성과 그리스도의 피가 우리를 깨끗게 하심의 필요성을 우리는 알고 있을 지도 모릅니다. 그리고 우리는 성령님의 책망하심에 마음을 열어놓고, 우리가 필요할 때에 십자가로 돌아가려는 사람들일지도 모릅니다. 그러나 우리가 찾고 그토록 바라는 축복은 **여전히** 목표 **저 너머에** 놓여 있다는 것을 느낄 것입니다. 승리, 능력, 병 고침, 성령님의 충만함, 부흥 그 자체와 같은 축복들을 찾아나서는 것도 이에 해당됩니다.

그리스도의 보혈과 우리의 회개가 분명히 그 축복으로 향하는 **길**을 마련해주며 축복 그 자체가 아니라는 것을 우리는 믿습니다. 하지만 십자가에서 하나님 앞에 바로 서는 것이 하나님의 능력이 우리 안에 거하시도록 준비하는 것임도 압니다. 우리는 계속해서 기도하고 싸우고 기다려야만 한다는 것을 느낍니다. 그래서 이제는 갈보리를 떠나 오순절의 체험이 있는 다른 장소로, 예수님의 발 밑에 엎드려 회개하는 곳보다 더 '긍정적인' 장소로 옮겨야 한다고 생각합니다.

아무리 이 말이 타당하게 들릴지라도 결과는 우리가 구해야 하는 목표를 찾지 못한다는 결론에 도달합니다. 그리고 "내가 찾았노라…"는 고백 없이 여전히 그 목표를 찾아 헤매며 만족하지 못하게 되는 것입니다.

분명히 하나님께서는 이보다 더 좋은 것들로 예비하고 계십니다. 하나님은 우리가 그의 독생자를 길로서 그리고 목표로서 바라볼 때 그 예비하신 것들을 주십니다. 주 예수님께서 사람이 그에게 나아가는 것은 아버지께로 나아가는 **길**뿐만 아니라 아버지 **그분**을 발견하게 된다고 말씀하셨다면, 이것은 분명코 우리가 찾는 모든 다른 축복들에게도 적용되는 복음입니다. 영광스러운 진리는 이것입니다. 하나님은 축복으로 나아가는 길이실 뿐만 아니라 우리가 갈망하는 **축복** 그 자체 이십니다. 하나님은 능력으로 나아가는 길이실 뿐만 아니라 우리의 **능력** 그 자체 이십니다. 하나님은 승리를 향해 나아가는 길이실 뿐만 아니라 우리의 **승리** 그 자체이십니다. 하나님은 성화로 나아가는 길이실 뿐만 아니라 **성화** 그 자체이십니다. 하나님은 병고침으로 나아가는 길이실 뿐만 아니라 **병 고침** 그 자체이십니다. 하나님은 부흥으로 향하는 길이실 뿐만 아니라 **부흥** 그 자체이십니다. 이 모든 것이 사실입니다. **하나님은 당신 스스로를 우리에게 필요한 것으로 주셨습니다.** 바울이 말한 것과 같이 신성의 충만이 육체로 거하시고 그 안에서 우리는 완성됩니다(골 2:10).

죄인인 우리는 시시때때로 주님께 나아가야만 합니다. 그리고 바로 그때에 **거기에서** 우리에게 필요한 것들을 찾게 됩니다. 우리가 종종 십자가 너머에 있을 거라고 생각하는 축복은 십자가 보다 멀리 있지 않습니다. 오순절은 오순절에서 발견되는 것이 아니라 죄인들이 회개하는 갈보리에서 발견됩니다. 이는 부흥에서도 마찬가지이며, 모든 다른 축복의 경우에도 마찬가지입니다. 길과 목표는 한 분이시며, 우리는 그 길과 목표되신 예수님을 회개와 믿음의 연속적인 순간에 **함께** 찾게 됩니다.

이제 우리는 삶에서 생기는 영적 좌절의 원인을 이해할 수 있는 자리에 왔습니다. 우리가 주님을 떠나서 그리고 주 예수님 외의 부수적인 축복으로서 평화, 거룩함, 승리, 부흥를 구하는 것이 우리의 눈을 속이는 것입니다. 우리가 이런 것들을 얻기 위해 기도하고 싸우고 쏟은 모든 노력은 모두 헛된 일이 되는 것입니다. 심지어 우리가 예수님의 보혈이 보여 주는 겸손의 길을 걷고 죄를 깨닫고 회개한다 할지라도 이렇게 행한다면, 놀라운 사랑과 능력의 세례는 아직 받지 못한 것으로 여겨집니다.

이와 반대로 바울의 말을 다시 한 번 살펴보겠습니다.

> 그리스도는 믿는 모든 자에게 의(righteousness)를 이루기 위하여 율법의 마침이 되시니라(롬 10:4).

필립스(J. B. Phillips)가 쓴 유명한 로마서의 구어체 번역은 이 본문을 다음과 같이 인용합니다.

> 그리스도는 모든 믿는 자에게 율법에 의해서 얻어지는 의를 향한 투쟁의 마침이시다.[1]

---

1) J. B. Phillips, *Letters to Young Churches* (London: MacMillan Company, 1955).

그리스도가 투쟁의 마침이 되신다는 이 말이야말로 얼마나 재치있는 말입니까! 당시 열심 있는 유대인들이 싸워 얻으려고 했던 것은 의로움이었습니다. 그러나 이 의로움은 인간의 어떤 인격적인 의를 말하는 것은 아닙니다. 그보다 훨씬 더 위대한 것입니다. 이 의로움은 '하나님의 의'라고 말할 수 있는 하나님 앞에서의 의로움입니다.

로마서를 읽으면서 '의'라는 단어를 '하나님의 의'로 이해한다면 도움이 될 것입니다. 왜냐하면 바울이 그 단어를 '하나님의 의'라는 의미로서 썼기 때문입니다. 유대인들이 하나님의 의를 얻기 위해서 그 복잡한 율법을 지키려 애썼습니다. 그러나 율법을 지키지 못하는 것은 단지 그의 마음에 심판이 따를 뿐입니다. 그리고 그 율법 위에서 하나님의 의로움을 얻기 위해 노력하면 할수록 오히려 사라질 뿐입니다. 바울 사도는 우리의 이런 상황을 다음과 같은 영광스러운 메시지로 표현했습니다.

> 그리스도는 모든 믿는 자에게 의를 이루기 위하여 율법의 마침이 되시니라(롬 10:4).

그리스도는 우리가 너무나 자주 어기는 하나님의 율법의 저주를 대신 십자가에서 짊어지셨습니다. **우리가 아직 죄인되었**

을 때 이미 우리의 죄를 아시고 하나님의 완전한 의를 이루시기 위해 그리스도의 피를 예비하셨습니다. 그리고 우리로 회개하게 하셨으며 그리스도를 향한 믿음을 우리 마음에 주셨습니다. 이전에 있었으나 수많은 투쟁과 멀기만한 목표는 이제 그리스도로부터 받은 새로운 삶의 시작이자 기초가 되었고, 그로부터 새로운 출발을 할 수 있게 되었습니다. **마침내** 시작의 특권을 받게 되는 것입니다!

그러나 우리 주 예수님은 하나님의 의뿐만 아니라 다른 모든 평화, 거룩함, 병고침, 승리, 부흥를 얻기 위한 노력의 마침, 곧 목표이십니다. 이러한 축복을 얻기 위해서 우리는 얼마나 힘겹게 나아가야 했습니까! 우리의 죄 많은 마음에서 죄를 덜기 위해 때때로 얼마나 괴로운 자기 부인을 해야만 했습니까! 얼마나 많은 기도와 금욕의 고행과 싸움을 겪어야만 했습니까! 그러나 수많은 다른 방법들로 얻기 위해 투쟁해 왔던 축복은 자신의 죄를 고백하고 분명한 회개를 하며 그분께 나아올 때, 자신을 낮추는 바로 그 순간에 우리에게 주어집니다. 곧 **축복**이신 그분께로 나아가는 것입니다. 그분은 우리의 평화이시며, 능력이시고, 승리이시며, 부흥이십니다. **그분** 너머에는 아무것도 없습니다.

우물은 깊고
나는 생명수 마시기를 원했네.
그러나 한 모금의 생명수를 마시기 원하는
내 영혼의 소원을 아무도 알 수 없네.

도움이 필요한 자를 도우시며
나의 슬픔에 귀 기울이시는
그분이 오시니
나는 참으로
그리스도가 생명수이심을 발견했다네.
그리고 나는 믿네.

그러나 얼마나 자주 열심 있는 그리스도인들이 다른 방향으로 가고 있습니까? 저는 수년 전 알사스에서 열렸던 부흥집회를 통해 아프리카에서 온 지도자와 같이 일하고, 함께 은혜를 나눴던 시간을 결코 잊을 수가 없습니다. 그는 하나님으로부터 깊은 깨달음을 받은 사람이었으며 부흥집회를 인도하는 드문 은사를 받은 사람이었습니다. 하나님은 그를 통해서 많은 사람들에게 죄를 깨닫게 하셨으며, 영광스런 자유함을 얻고 넘치는 기쁨으로 하나님을 찬양하며 주 예수님께 나아오도록 하셨습니다.

후에 그 집회를 참석해서 은혜 받은 수많은 사람들 중 한 무리의 사람들이 우리에게 와서 물어왔습니다. 다음 날 옆 마을의 부흥을 위해 기도하는 모임에서 설교를 해달라고 부탁해왔습니다. 그들은 그 지역의 부흥을 위해서 여러 해 동안 일주일에 한 번에서 두 번 함께 모여 기도했다고 말했습니다. 그리고 이제 더욱 열심히 기도하게 되었다고 했습니다. 짧은 만남을 통해서 그들의 영적 상태를 분명히 알게 되었습니다. 그들은 예수님을 새롭게 만났으며, 자신들의 죄를 깨닫고 예수님의 발 앞에 꿇어 엎드렸으며, 예수님으로 새롭게 채워져 있는 사람들이었습니다. 그리고 이제 그들은 부흥을 위해서 기도하고 있었습니다! 그들은 예수님을 부흥으로 인도하는 **길**로서만 보았을 뿐, 그분을 부흥 그 자체로 보지 못했던 것이었습니다.

하나님께서는 그 아프리카 형제들을 통해서 예수님께서 처음 유대 땅에 나타나셨 때 수많은 사람들이 어떻게 행했는지를 살짝 보여주셨습니다. 유대인들은 바로 옆에 서 계신 예수님을 알아보지 못하고 메시아가 오기만을 기도하며 기다리고 있었습니다. 예수님은 유대인들이 생각해오던 메시아의 모습으로 오지 않으셨습니다. 하지만 예수님은 지금 지극히 높으신 보좌의 우편에 앉아 계신 분이시며 참된 메시아이십니다. 같은 의미에서 하나님께서 우리 마음속에 죄를 깨닫게 하시는 방법이 전통적으로 이해되고 있는 부흥의 모습과 딱 맞지 않을 수도 있습니다. 그러나 예수님이 우리 마음 가운데 새롭게 오셨다면, **그것이** 부흥인 줄로 확신하시기 바랍니다. 그리고 예수님과 함께 걸을 때 오는 부흥의 끝이 어디인지 누가 알겠습니까?

그렇다면 부흥을 위해 기도할 필요가 없냐고 누군가는 물을 것입니다. 우리의 우선적인 의무는 회개를 통해 회복되고, 고통의 시간의 끝을 발견했다는 증거를 가지며, 우리의 모든 필요로서 예수님을 발견하는 것입니다. 그러면 하나님께서 우리 마음 속에서 행하신 일들을 우리와 교제하는 다른 모든 사람들의 마음 속에서도 행하실 것입니다. 그러므로 우리는 부흥을 아직 찾아오지 않은 것으로서 기도하기 보다는, 부흥이 이미 우리 마음 가운데 계신 그분임을 알고 기도해야 합니다.

부흥은 이미 시작되었습니다(부흥을 일으키시는 분이 오직 한 사람의 마음속에만 오셨다 할지라도 부흥은 시작된 것입니다). 이제 그 부흥이 전파되는 단계입니다. 새로운 삶을 위한 발판은 세워졌습니다. 이제 다른 사람들에게까지 확장될 것입니다. 그리고 이제 그 목적을 위해서 하나님께서는 우리가 기도한 만큼 우리의 증거와 헌신하기를 기뻐하는 모습을 사용하실 것입니다. 그러나 이러한 기도는 길과 목표를 자신이 이미 발겼했다는 사실을 아는 사람들만이 할 수 있는 기도입니다. 우리가 부흥을 위해서 드리는 기도의 대부분을 특징짓는 애씀과 긴장은 사라질 것이며, 평온한 확신과 담대함이 자리잡을 것입니다.

그렇다면 이것이 주 예수님 안에서 길과 목표를 발견한 사람들에게 하나님께서 준비하신 최고의 영적 상태입니까? 결코 그렇지 않습니다! 그는 여전히 예수님의 보혈을 필요로 하며, 계속해서 회개를 해야만 하는 죄인입니다. 회개의 길이 곧 주 예수님이 자신의 모든 것 되심을 증명한다는 것을 발견하게 된 사람은 예전보다 빠르게 회개를 하게 될 것입니다. 그렇다면 이런 사람이 발견한 것은 무엇입니까? 그가 마침내 발견한 것은 참된 보화가 어디 있는 지이며, 자신의 가지가 주 예수님이라는 존귀한 줄기에 접목되었다는 것입니다. 이제 그는 더이상 '행운의 대성공'과 같은 떠도는 소문이나, 여러 종류의 교리나 체험에 전혀 흔들리거나 혼란스러워 하지 않는 사람이 됩니다. 그리고 재밌는 사실은 자신의 답을 찾기 위해 이런저런 다른 방법을 간구하던 그 사람이 결국에는 하나님께서 그를 구원하실 때 접목되었던 줄기로 돌아온다는 것입니다. 이제 그에게 요구되는 것은 바로 그 자리에서 매일매일 더욱 깊이 주님께 나아가는 일뿐입니다. 보다 깊은 죄의 깨달음과 보다 깊은 회개, 보다 깊은 성화, 보다 깊은 믿음을 갖는 것이며 더욱 자기 자신을 버리는 것입니다. 그리고 그는 그 어느 때보다도 깊이 살아계신 주님이 주시는 삶과 충만함을 발견하게 될 것입니다.

예수님을 바라봅시다. 목표이신 예수님을 그리고 우리를 그 목표로 인도하는 가장 빠른 **길** 되신 예수님을 바라봅시다. 우리 같은 죄인을 위해 예수님의 보혈로 정결케 된 그 길과 목표를 바라봅시다.

예수님은
나의 목자
나의 신랑
나의 친구 되시네.

예수님은
나의 선지자
제사장
왕 되시네.

예수님은
나의 주님
나의 생명
나의 길
나의 목표되신 예수님
나의 찬양을 받으소서.

We Would See Jesus

예수님을
바라보라

Roy Hession

9장

다른 사람들을 위해서
예수님을 바라보라

    주 예수님을 목표로 참되게 바라본다는 것은 하나님께서 우리를 위해 준비하신 진정한 그리스도인의 삶의 시작에 불과합니다. 앞에서 살펴본 것과 같이 예전에 우리가 가졌던 목표들은 진정한 목표로부터 멀리 떨어져 있습니다. 의, 평화, 거룩, 부흥과 같은 것들은 수많은 투쟁 후에 얻어지는 것으로만 생각했습니다. 그러나 이제 이 모든 것은 우리에게 시작이 되었습니다. 우리는 그리스도가 바로 우리를 향한 이 모든 것들임을 발견했습니다. 예수님의 보혈을 그 목표로 인도해 주는 가장 쉬운 길이심을 알게 되었습니다. 이제 우리는 그 목표에서 **시작**하는 특권을 갖게 되었습니다!

그러면 이 새로운 시작은 무엇과 연관되는 것입니까? 사실 이런 질문은 할 필요가 없습니다. 왜냐하면 이 새로운 발견을 한 사람들은 모두 자동적으로 다른 사람들에게 영향을 주기 위한 것이라는 사실을 알게 되기 때문입니다. 새로운 증거는 주님을 영화롭게 할 뿐만 아니라 다른 사람들에게도 똑같이 삶의 기쁨을 누리게 됩니다. 실로 이는 그리스도 안에서 새 생명을 **다른 사람들에게** 전파하는 부흥의 확장입니다!

일상생활에서 은혜보다는 율법에 의존하는 사람들은 자신들이 어느 정도 친숙한 바탕 위에 서 있다고 생각하며, 적어도 율법을 통해서 복음 증거와 영혼 구하는 일과 다른 사람들을 돕는 일에 권고를 듣게 될 것이라 생각합니다. 그러나 어느 곳에서도 은혜의 자리를 찾지 못하게 됩니다. 은혜의 역사는 결코 멈추거나 중단되지 않습니다. 그리고 은혜를 앞서 인간의 자아가 다시 시작되는 일은 결코 없어야 합니다. 이는 그리스도인의 섬기는 삶의 모든 부분에 적용되는 것입니다.

은혜의 길은 예수님께서 우리에게 주신 생명을 다른 사람들에게 전하는 것 그 이상이 아닙니다. 다른 사람들을 섬기는 것은 억지로 꾸며내는 노력이 아니라, 예수님이 행하신 것을 바라보는 것입니다. 그리고 예수님이 우리를 통해서 다른 사람들에게 그분의 은혜와 능력을 보이시도록 순종하는 것입니다. 이것이 예수님께서 아버지와 교제하시며 동행하시는 길이며, 우리가 그분과 교제하며 동행하는 길입니다. 예수님은 말씀하셨습니다.

> 아들이 아버지의 하시는 일을 보지 않고는 아무것도 스스로 할 수 없나니 아버지께서 행하시는 그것을 아들도 그와 같이 행하느니라(요 5:19).

그러므로 우리도 역시 주 예수님께서 하시는 일을 보지 않고는 아무것도 할 수 없습니다. 예수님께서 행하신 일을 보기 전까지 우리는 아무 능력 없으며, 우리의 섬김은 자아가 주도하는 노력 밖에 되지 않습니다. 그러나 주 예수님께서 행하신 일을 바라보기 위해 노력할 때 우리는 성자가 성부와 함께 움직이시는 것처럼 그분과 함께 움직일 수 있게 되며, 사람과 함께 일하시는 하나님의 진정한 사역을 가져오게 됩니다. 무언가를 시작하는 것은 우리의 일이 아닙니다. 우리의 일은 하나님께서 시작하신 일에 우리를 드리고 우리를 통해 역사하시도록 순종하며 믿고 따르는 것입니다.

주 예수님은 자신이 아닌 남을 위해 오셨다는 이 사실을 진실되고 담대하게 전합시다! 포도나무가 자신을 위해서 포도열매를 맺지 아니하고 다른 사람을 위해 열매를 맺듯이, 거룩한 포도나무 되신 예수님은 오직 그리고 언제나 다른 사람을 위해서 행하시며 선택하십니다. 그가 행하신 모든 것은 그분 자신이 아닌 다른 사람들을 위한 것이며, 그가 하늘에서부터 오신 일도 다른 사람들을 위한 것이며, 그 생명을 내어주신 것도 다른 사람들을 위한 것입니다. 그리고 죽음에서 부활하신 것도 그분 자신을 의로 여기신 만큼 다른 사람들도 의로 여기시기 위한 것이었습니다(롬 4:24).

뿐만 아니라 예수님께서 지금 앉아계시는 자리도 다른 사람들을 위한 것입니다. 성경은 그가 "참 하늘에 들어가사 이제 우리를 위하여 하나님 앞에 나타나시고"(히 9:24)라고 말합니다. 우리는 "모두가 그분 자신의 것인, 현존하는 영광의 풍성함"을 노래합니다. 이 모든 것이 예수님 당신의 것이지만, 그가 행하신 모든 것은 **우리를 위해서** 행하신 것입니다. 성부께서는 그 아들을 일으키셨으며 언제나 다른 사람들을 위하여 지목하셨습니다. 그리고 그 다른 사람들은 바로 용서받을 수 없는 죄 많은 **저와 여러분**입니다.

이는 예수님이 **어떤 분이신지**를 보여줄 뿐만 아니라 그분의 목적이 **무엇인지**도 말해줍니다. 예수님은 십자가의 구속을 통해서 그리고 그들 가운데 역사하시는 성령님의 전능하신 사역에 의해서 다른 사람들을 하나님과 성자에게로 회복시키셨습니다다. 이 사역은 하늘에서 결정된 하나님의 목적이며, 그로 인해 성취되어진 것입니다. 모든 하나님의 백성은 예수님의 피의 대가로 구원받습니다. 포도나무이신 예수님은 열방을 고치시며 열매를 맺으십니다. 그리고 죄로 인해 죽을 수 밖에 없는 죄인들에게 그 열매를 맛보며 살도록 인도하십니다.

그러나 이는 주 예수님께서 혼자 행하시는 일이 아닙니다. 예수님의 영광스러운 목적을 수행함에 있어서 구원받은 사람들로 이 일에 함께 참여하도록 하셨습니다. 그래서 그들이 열매 맺는 가지가 되게 하셨습니다. 줄기에서 떨어진 가지가 스스로 열매를 맺을 수 없는 것같이, 줄기도 가지 없이는 포도열매를 맺을 수 없습니다. 그러나 그 열매 맺는 일을 결코 가지가 시작하거나 주도할 수는 없습니다. 그것은 모두 그분의 일입니다. 가지인 우리는 다만 그분께서 우리에게 주신 새 생명으로 열매 맺을 뿐입니다. 예수님은 요한복음 15장에서 그분과 우리의 관계를 정확하게 설명해주십니다. "나는 포도나무요 너희는 그 가지라." 신자는 그의 안에 거하시는 그리스도에게 속한 가지입니다.

> 가지가 포도나무에 속한 것처럼
> 나는 그리스도에게 속하였네.
> 나는 그분의 것이네!

우리는 구원과 축복을 위해 역사하시는 예수님께 속한 자로 가지가 열매를 맺듯 우리도 그의 열매를 맺도록 만드셨습니다. 우리의 연약함을 깨달을 때 예수님께서 우리의 포도나무 되신다는 사실을 안다는 것은 얼마나 큰 위로입니까! 그러나 나는 그분의 **가지**이며, **무한한** 생명을 주시는 분께 **속한 자**라는 고백이 없다면 우리가 주위의 배고프고 헐벗은 자들 앞에서 무슨 담대함과 능력을 보이겠습니까!

포도나무와 가지의 비유는 주 예수님과 우리 사이의 연합을 가장 명쾌하게 설명해 주는 성경본문입니다. 예수님은 "나는 참된 포도나무라"고 하시면서 말씀을 시작하십니다. 헬라어 원문에서는 '참된'이라는 단어를 특별히 강조합니다. 여기서 예수님은 열매 맺지 못하는 참되지 않은 포도나무와 자신을 대조하십니다. 구약성경은 여러 차례 이 포도나무에 대해서 언급합니다. 시편 기자는 말합니다.

> 주께서 한 포도나무를 애굽에서 가져다가 열방을 쫓아내시고 이를 심으셨나이다 주께서 그 앞서 준비하셨으므로 그 뿌리가 깊이 박혀서 땅에 편만하며(시 80:8-9).

이 포도나무는 이스라엘 백성입니다. 그리고 하나님은 그들을 애굽으로부터 구원하시고 약속의 땅에 심으십니다. 약속의 땅에서 이스라엘 백성이 다른 많은 나라들을 위해 열매를 맺고 그들을 통해 열방이 축복받게 하시기 위한 것이었습니다. 그러나 그 포도나무는 하나님의 뜻을 이루는데 실패했습니다. 그 특권과 축복을 자신들만을 위한 것으로 생각하고 하나님으로부터 멀어져 우상에게로 향했기 때문입니다.

하나님은 이렇게 말씀하셨습니다.

> 이스라엘은 열매 맺는 무성한 포도나무라 그 열매가 많을수록 제단을 많게 하며 그 땅이 아름다울수록 주상을 아름답게 하도다(호 10:1).

그들은 풍성한 나뭇잎을 가졌으나, 하나님과 다른 사람들을 위한 열매는 맺지 못했습니다. 하나님은 그들의 모습을 보시며 애통해하십니다.

> 내가 너를 순전한 참 종자 곧 귀한 포도나무로 심었거늘 내게 대하여 이방 포도나무의 악한 가지가 됨은 어찜이뇨?(렘 2:21)

가장 드라마틱한 포도나무의 실패를 보여주는 구약성경의 본문은 이사야 5장의 아름다운 포도원 노래입니다.

> 나의 사랑하는 자에게 포도원이 있음이여 심히 기름진 산에로다 땅을 파서 돌을 제하고 극상품 포도나무를 심었었도다 그 중에 망대를 세웠고 그 안에 술틀을 팠었도다 좋은 포도 맺기를 바랐더니 들포도를 맺혔도다 예루살렘 거민과 유다 사람들아 구하노니 이제 나와 내 포도원 사이에 판단하라 내가 내 포도원을 위하여 행한 것 외에 무엇을 더할 것이 있었으랴 내가 좋은 포도 맺기를 기다렸거늘 들포도를 맺힘은 어찜인고(사 5:1-4).

이 말씀은 이스라엘만을 향한 것이 아니라, 바로 우리 자신들을 향한 비유가 아니고 무엇이겠습니까! 하나님께서 우리를 위해서 무엇을 더 행하실 수 있겠습니까? 우리 중 많은 사람들은 우리가 다른 사람에게 잘못을 저지르고 난 후에야 배우게 되는 선하고 유익한 교훈들을 기억할 수 있습니다. 그리고 은혜의 메시지를 듣고 예수님을 구주로 영접하던 때를 기억할 것입니다. 그날에는 수많은 사람들이 아니라고 부인한 놀라운 특권과 축복이 따라오게 됩니다.

우리는 선생님들을 통해서 성경이 잘 설명하고 있는 성도 간의 교제와 우리에게 주어진 섬김의 범위를 그리고 하나님께서 헤아릴 수 없도록 부어주시는 축복의 말씀을 배웠습니다. 항상 우리의 가지를 정돈하시고 고쳐주시는 포도원지기의 보살핌을 받지 않는 사람은 아무도 없습니다. 다양한 모습을 하고 있는 우리 각자에게 하나님께서는 이렇게 말씀하십니다. "나의 포도나무를 위해 이 이상 무엇을 더 할 수 있겠는냐?" 그럼에도 불구하고 하나님께서 당신을 영화롭게 하고 다른 사람들을 복되게 할 포도열매, 성령의 열매를 찾으실 때, 우리가 가져오는 열매는 맛 없고 쓴 육신의 못난 모습들입니다. 우리에게서 하나님이 취하시는 것들이 얼마나 자주 다음과 같은 것들인지 다시 한 번 돌이켜 봅시다.

육신이 일은 현저하니 곧
음행과
더러운 것과
호색과
우상숭배와
주술과
원수를 맺는 것과
분쟁과
시기와
분냄과

당짓는 것과

분열함과

이단과

투기와

술 취함과

방탕함과

또 그와 같은 것들이라(갈 5:19-21).

성적인 더러움에서부터 질투와 당짓는 것에까지 이르는 이 모든 것은 모두 고약하고 해로운 것입니다. 그러나 이 중 그 어떤 것도 하나님과 사람을 위한 것은 없습니다. 이런 것들이 우리가 집에서나 직장에서나 때로는 교회에서 맺은 열매들입니다. 하나님께서 우리에게 주신 수많은 특권과 보살핌을 받아 맺은 열매라는 사실을 믿으시겠습니까? 더군다나 좋은 열매를 맺겠다고 열심히 투쟁하여 얻은 열매니 얼마나 이상한 일입니까?

그러면 왜 이것이 우리의 이야기입니까? 왜 이스라엘 백성을 구약에서 말하는 하나님의 포도나무로 보아야 합니까? 대답은 간단합니다. 이스라엘은 포도나무이기 때문입니다. 그리고 이스라엘이 포도나무인 이상 그런 못된 포도열매 밖에 맺을 수 없습니다. 왜냐하면 열매는 그 열매를 맺는 가지의 모습을 드러내기 때문입니다. 만약 사람의 본성이 향기로운 열매를 맺을 수 있다면, 그것은 분명 이스라엘 가운데서 나타났을 것입니다. 이스라엘 만큼이나 하나님으로부터 큰 은혜를 받은 포도나무는 없기 때문입니다. 그러나 이스라엘의 실패는 어떤 포도나무도 하나님께 열매를 맺을 수 없는 인간의 전적 무능력을 보여주고 있습니다.

이것이 바로 우리가 실패하는 이유입니다. 우리는 단지 포도나무가 되려고 노력했습니다. 우리 안에서 다른 사람을 향한 사랑과 거룩함을 찾으려고 노력했습니다. 그러나 성경은 우리 안에서 어떤 선한 것도 찾을 수 없다고 말합니다. 이제 우리는 바울이 오래 전 깨달은 것을 알게 된 것입니다. "내 속 곧 내 육신에 선한 것이 거하지 아니하는 줄을 아노니"(롬 7:18). 이런 사실을 알게 되는 사람은 이렇게 기도하게 됩니다. "오, 하나님 내가 나로 인해 지은 죄를 용서하소서."

주 예수님께서는 이 포도나무에 당신을 대조하신 것입니다. 그리고 그토록이나 오랫동안 하나님의 슬픔이 된 황폐한 포도나무 가운데서 "내가 참 포도나무니라"고 예수님은 외치십니다. 그리고 이렇게 말씀하십니다.

> 사람은 더이상 포도나무가 아니니, 포도나무를 향한 하나님의 심판은 나무 위에 달린 나의 몸을 통해 완성되었노라. 이제

내가 포도나무이니, 나로부터 하나님의 열매를 얻을 것이요,
나 이외의 어느 곳에서도 얻지 못할 것이니라.

이 말씀은 우리가 소유할 수 있는 최고의 소식입니다. 하나님께서는 더 이상 우리가 포도나무 되길 바라지 않으십니다. 그리고 우리가 그렇게 되기 위해서 노력할 필요도 없습니다. 열매 맺는 것은 더 이상 우리의 책임이 아닙니다. 하나님께는 참된 포도나무가 있습니다. 바로 부활하신 주 예수님이십니다. 이 참된 포도나무는 하나님께서 우리를 위해 바라시는 모든 열매를 맺으며, 사람을 향한 하나님의 은혜를 만족시킵니다.

그렇다면 우리의 자리는 어디입니까? 우리는 포도나무이신 예수님께 속한 가지입니다. 우리가 열매를 맺는 것이 아니라 우리 안에 거하시는 예수님이 맺으시는 열매는 가질 뿐입니다. 이 사실은 "내가 그리스도와 함께 십자가에 못 박혔나니 그런즉 이제는 내가 산 것이 아니요"(갈 2:20)라고 한 바울의 말을 이해하도록 새로운 빛을 줍니다. 이제 바울은 더 이상 세상에 존재하지 않고, 그리스도와 함께 십자가에 못 박힌 바울만이 있을 뿐입니다.

그러면 포도나무였던 바울은 누구이며, 가지인 바울은 누구입니까? 그리스도와 함께 십자가에 못 박힌 바울은 헛된 노력으

로 열심을 내던 **포도나무**인 바울이었습니다. 그리고 자기 자신을 버리고 온전히 주님께 의존한 바울은 다시 새로운 생명을 얻은 **가지**인 바울입니다. 가지가 포도나무의 수액으로 사는 것처럼 이제 가지로서 새 생명을 얻은 바울은 이렇게 말합니다.

> 내가 산 것이 아니요 오직 내 안에 그리스도께서 사신 것이라 (갈 2:20).

예수님께서 바울의 포도나무 되시며, 그의 삶과 섬김의 모든 결실의 근원이 되신 것입니다.

이제 이 모든 것들이 우리 매일의 삶속에서 어떻게 적용되는지 살펴보도록 하겠습니다. 우리 가운데 누구라도 자기도 모르는 가운데 스스로가 포도나무가 되려고 하는 때가 있습니다. 오늘이 우리의 날인 것처럼 계획을 세우고 주님을 위해 최선을 다하는 날이 되길 바라며 하루를 시작합니다. 실제로 책임을 갖고 움직이는 사람이 우리 자신이기 때문에 자신도 모르게 교묘한 방법으로 포도나무가 되어버립니다. 그러나 그 하루는 죄인인 우리가 포도나무가 되고 죄인의 하루가 되기 때문에 모두 잘못되어 버립니다. 주위 사람들과 환경이 그 계획을 실망시키고 간섭과 난처함과 짜증과 분개가 우리 속에 자라납니다. 그리고 때로는 건방진 말대꾸를 하기도 합니다.

우리가 스스로 포도나무가 되려는 바로 그 책임이 우리로 하여금 긴장하게 하고, 그 긴장은 우리를 더 큰 죄로 치닫게 만듭니다. 만약 우리가 그리스도인으로서 섬김의 책임을 지게 된다면, 우리의 긴장함과 반응은 때때로 더욱 악화되기도 합니다. 우리는 이런 것들을 죄라고 부르지 않을 수 없습니다. 따라서 당황스럽게 되고 우리의 계획이 좌절되는 것은 그리 놀랄만한 일이 아닙니다.

그러나 회개의 길은 언제나 우리 앞에 활짝 열려 있습니다. 우리의 진정한 포도나무이신 예수님도 다른 평범한 포도나무와 같이 지지대에 묶여 계십니다. 그 지지대는 **갈보리 십자가**입니다. 예수님께서는 우리가 회개함으로 그에게 돌아오기를 원하십니다. 우리 **스스로** 포도나무가 되려던 노력을 버리고 오직 예수님이 이 모든 것의 근원되심을 고백하길 원하십니다. 그리고 예수님이 주시는 죄사함과 깨끗게 함을 우리가 받기를 원하십니다. 그리고 즉시로 예수님은 우리의 포도나무가 되시며, 우리는 그 안에서 안식을 얻는 가지가 됩니다. 그리고 바로 그 실패의 자리에서 우리는 그분의 생명과 성품이 맺은 성령의 열매를 갖게 됩니다. 예수님의 성품을 드러내며 다른 사람들의 축복을 위한 얼마나 값진 열매입니까! 그리고 우리의 모습이 드러나는 육신의 전유물과 얼마나 대조적입니까!

> 오직 성령의 열매는
> 사랑과
> 희락과
> 화평과
> 오래 참음과
> 자비와
> 양선과
> 충성과
> 온유와
> 절제니(갈 5:22-23).

성경이 성령의 **열매들**(복수)에 대해서 말하지 않고 성령의 **열매**(단수)에 대해서 말하는 것을 감안해서 볼 때, 처음에 기록된 사랑이 나머지 전체를 포함하는 열매일 것입니다. 이 사랑의 열매는 다른 사람을 향한 **예수님의 사랑**입니다.

그러나 승리의 길은 언제나 회개에 의한 길입니다. 하나님께서 우리에게 보여 주신 대로 육신의 일을 회개하지 않고는 예수님께서 우리의 포도나무가 되실 수 없습니다. 죄를 인정하지 않고 예수님을 대충 믿으려고 하거나 그분 안에서 안식을 취하려

9장 다른 사람들을 위해서 예수님을 바라보라

고 한다면, 결코 승리를 가져올 수 없습니다. 예수님은 내가 스스로 포도나무가 되려 했던 일을 회개할 때에 나의 포도나무가 되십니다. 나의 사랑하지 않음을 회개할 때에 예수님의 사랑을 소유하게 됩니다. 나의 근심함과 평화롭지 못함을 고백할 때에 예수님의 평화를 소유하게 됩니다. 나의 인내하지 못함을 고백할 때에 예수님의 오래 참으심을 소유하게 됩니다. 나의 분냄을 고백할 때에 예수님의 온유하심을 소유하게 됩니다.

무엇보다도 우리가 예수님을 우리의 포도나무로 그리고 우리는 그분의 가지가 되길 기뻐할 때, 영혼을 향한 예수님의 구원과 축복이 시작됩니다. 이 얼마나 놀라운 일입니까! 예수님의 성품은 다른 것이 될 수 없습니다. 놀라우신 주님께로부터 놀라운 일이 일어나는 것은 지극히 당연한 일입니다. 우리가 예수님께서 다른 사람들을 구원하시도록 그리고 그들을 부흥시키시도록 설득할 필요가 전혀 없습니다. 구원과 부흥은 예수님의 일입니다. 우리가 기도하기 시작하고 믿음을 갖을 때에 그 일을 시작하시는 것이 아닙니다. 예수님께서는 언제나 일하고 계십니다. 다만 우리가 그에게 붙어있지 않았을 뿐입니다. 기도를 시작할 때 그리고 기도보다 우선적으로 믿음을 갖게 되었을 때, 우리는 예수님께서 이미 계획해 놓으신 일에 참여하게 됩니다. 그리고 열매를 맺는 **가지**가 됩니다. 우리가 경험하는 만큼 하나님께서 주시는 것입니다.

마지막으로 우리는 이런 질문을 하게 됩니다. 예수님의 열매가 우리를 통해 맺어지고 그 목적이 이루어진다면, 가지로서 우리가 감당해야 하는 역할은 무엇입니까?

첫 번째로 우리는 믿음을 가지고 예수님을 사랑의 포도나무로서 그리고 무한한 능력으로 은혜를 부어주시는 분으로서 끊임없이 바라봐야 합니다. 예수님은 결코 잃어버리지도 위축되시도 실패하지도 않으십니다. 그런 분이 바로 **우리의** 포도나무이십니다! 우리의 나약함과 공허함을 예수님을 잘 알고 계십니다. 그리고 실로 우리의 이런 모습이 그분의 실재를 더욱 증거합니다. 우리의 소망을 **채워주시니** 이 얼마나 놀라운 사실입니까! 이로 인해 우리의 마음은 담대함과 확신으로 가득차게 됩니다. 우리가 영적 승리의 삶을 누리게 될 때, 전쟁이 시작되기도 전에 우리는 이미 승리를 얻은 것이며, 예수님의 열매를 나타낼 수 밖에 없습니다.

두 번째로 우리는 우리 자신을 부러뜨리고 예수님의 가지가 되길 기뻐해야 합니다. 가지는 스스로 독립적인 생명을 가지지 못 합니다. 가지는 단지 포도나무의 열매를 맺기 위해 존재합니다. 이와 마찬가지로 주 예수님과 우리의 관계를 이해해야 합니다. 우리의 심령 가운데 자주 일어나는 이기심과 개인적인 관심이 불러일으키는 싸움은 얼마나 격렬합니까! 우리는 자주 옛 사람의 모습으로 돌아가 예수님께 아무런 쓸모 없는 존재가 되곤 합니다. 우리가 그의 가지로서 사용되기 위해서는 자신이라는 중심을 버려야 합니다. 이는 잠깐 한 순간이 아닌 계속적으로 이루어지는 철저한 순종과 헌신이 되어야 합니다. 이는 계속적으로 자신을 그리고 자신의 권리와 개인적인 소망을 버리는 것입니다. 그리고 **오직** 이렇게 행할 때 예수님께서는 그 가지에 열매가 맺게 하십니다.

여기 한 부흥사의 간증이 있습니다. 이 부흥사는 부흥집회에 참석하기 위해서 열차를 탔습니다. 그는 목적지에 도착하기 위해서 열차를 두 번 갈아타야 했습니다. 첫 열차에서 부흥사는 신문 읽는 것에 몰두했습니다. 이때 그의 마음에 작은 목소리가 같은 칸에 있는 사람들에게 전도해야 하지 않겠냐고 말했습니다. 하지만 그는 신문을 옆으로 제쳐놓으려 하지 않았습니다. 이 순간 그는 포도나무에게 쓸모 없는 가지였습니다.

두 번째 열차에서 그는 부흥집회에서 하게 될 설교를 준비하면서 시간을 보냈습니다. 그리고 그의 마음에 다시 한 번 작은 목소리가 말하길, 주위에 있는 사람들에게 복음을 전해야 하지 않겠냐고 했습니다. 하지만 곧 시작될 집회를 준비해야 한다는 생각에 계속 설교를 준비했습니다. 여전히 그는 쓸모 없는 가지였습니다. 하지만 세 번째 열차로 갈아타면서 주 예수님은 그를 무너뜨리셨습니다. 그리고 그는 예수님의 가지가 되길 원했습니다.

부흥사가 타고 있던 열차 칸은 텅 비어 있었습니다. 그리고 그 작은 목소리가 하나님이셨다라는 생각을 했습니다. 텅 비어 있던 열차 칸으로 어떤 사람이 들어왔습니다. 그리고 열차가 도착할 때까지 그 둘은 유일하게 그 칸에 탄 사람들이었습니다. 그 둘은 내화를 시작했고 이내 영적인 대화로 이어졌습니다. 부흥사는 곧 그 사람에게 필요한 주 예수님에 대한 대화를 시작했고, 그 사람은 예수님을 받아들일 준비가 되어갔습니다. 열차가 목적지에 도착하기 5분 전, 그 사람은 예수님을 자신의 구주로 영접했습니다. 그리고 후에 그 부흥사에게 쓴 편지는 그날 하나님께서 그의 마음에 역사하셨음을 증거했습니다.

이러한 경험은 그 순간 부흥사에게 필요했던 주님의 새로운 소망과 확신을 심어주었습니다. 그리고 다음 날 예수님께서 같은 방법으로 집회가 열린 교회에서도 구원과 부흥을 가져오시는 것을 보았습니다.

복된 포도나무는 안타까운 마음으로 우리의 필요에 손을 내미십니다. 하지만 우리는 무관심하고 이기적입니다. 이 포도나무는 남을 위해 존재하지만, 우리는 자기중심적입니다. 이 포도나무는 영광스럽도록 충만하게 우리를 향해 사랑을 보이시지만, 우리는 믿지 않고 쓸모 없는 존재입니다. 하지만 하나님께서는 강권적으로 우리를 깨뜨리시고, 우리를 그의 가지로서 사용하시길 기뻐하십니다!

이제 우리는 주 예수님께서 우리가 삶 가운데 감당해야 한다고 말씀하신 것의 의미를 생각해 봐야합니다. 예수님은 "내 안에 거하라 그리하면 나도 네 안에 거하리라"(요 15:4)고 말씀하셨습니다. 우리가 이 말씀을 우리 삶의 목표로 여기는 것이 합당할 것입니다. 왜냐하면 이 목표가 진지하게 영혼을 구하는 자들에게 너무 막연하게 느껴질 수 있기 때문입니다. "비밀은 거하는 데에 있다"라는 말이 있습니다. 그러나 사실은 그렇지 않습니다. 왜냐하면 **우리가** 행하는 것 가운데 비밀을 만들기 때문입니다. 그리고 이 비밀은 그 안에 머무르는 또 다른 노력을 만들어 내기 때문입니다. 하지만 진정한 비밀은 **포도나무에** 있습니다. 그리고 축복은 그분을 바라볼 때 찾아옵니다. 그리고 그분을 바라볼 때, 우리가 알기 이전에 이미 그분 안에 거하게 됩니다!

'거하다'라는 말은 단순히 '거주하다', '남다', '계속하다'라는 의미를 갖습니다. 하나님께서는 우리를 그분의 아들 안에 거하게 하셨습니다. 그리고 포도나무이신 그분께 가지로서 연합하게 하셨습니다. 그분 안에 남아 있고 거주하며 계속해서 거합시다. 이렇게 할 때 그분이 **우리 안에** 남아 계시고 거주하시며 거하실 것이라 약속하셨습니다. "나의 안에 거하라." 이는 우리가 지켜야 하는 조건입니다. "내가 네 안에." 이는 **그분이** 성취하시는 약속입니다. 그것은 "네가 내 안에 거하면 나도 네 안에 거하리라." 그분이 우리 안에 새 생명으로 거하실 때 우리는 결코 실패하지 않는 그분의 확실한 승리와 열매를 소유하게 됩니다.

그러면 그리스도 안에 거한다는 것은 어떻게 존재합니까? 우리는 그리스도 안에 거한다는 말을 포도나무이신 예수님을 통해서 이해해야 합니다.

첫 번째로 그리스도 안에 거한다는 것은 우리 안에 죄가 들어올 때마다 곧바로 회개하고자 하는 마음을 갖는 것입니다. 회개는 의식적으로 우리를 올바른 가지의 모습으로 다시 되돌려 놓기 때문입니다.

두 번째로 그리스도 안에 거한다는 것은 끊임없이 **포도나무**이신 예수님을 바라보고, 그분의 무한한 능력 안에 우리가 살고 행동한다는 **가지**로서 우리를 바라보는 것입니다. 이런 삶의 결과는 보배로운 포도나무에 영원히 연합되는 믿음입니다. 이 믿음은 그분에게 연합되기를 **부탁**하지 않습니다. **이미** 연합되어 있는 그 자리에서 오는 믿음입니다. 그리고 그의 생명을 우리에게 주심에 경배와 찬양을 드리는 믿음입니다. 이 믿음을 통해 깨어지고 예수님의 권위 앞에 순복하게 되며, 다른 사람을 향해 복을 더하는 그분의 가지로서 사용되는 것입니다.

세 번째로 그리스도 안에 거한다는 것은 말보다는 행동으로 보여주는 넘치는 사랑을 말합니다. 우리가 이런 사랑을 실천하면 그분도 우리에게 그런 사랑을 부어주십니다. 그러나 우리가 이런 사랑을 실천하지 않는다면, 그분도 우리에게 그런 사랑을 부어주시지 않습니다. 우리의 삶은 물탱크와 같습니다. 누군가 그 물탱크에 물을 틀어 놓을 때, 비로소 물탱크는 신선한 물로 차게 됩니다. 요한복음 15장은 이 사랑과 예수님의 우리 안에 거하심에 대해서 정확히 말해주고 있습니다.

> **너희도 내 계명을 지키면 내 사랑 안에 거하리라…내 계명은 곧 내가 너희를 사랑한 것같이 너희도 서로 사랑하라**(요 15:10-12).

하지만 앞에서 말한 첫 번째, 두 번째, 세 번째의 의미를 가지고 또 다른 형태의 정의를 만들지 마시기 바랍니다. 우리가 간단하게 기억해야 할 것은 **포도나무이신 예수님을 바라보는 것**입니다. 그리고 **우리를 그분에게 속한 가지로서 바라보며, 다른 사람들에게 사랑을 실천하는 가지가 되길 기뻐하는 것**입니다. 그러면 살아계시고 놀라우시며 은혜로우신 주님께서 우리 안에 새 생명으로 거하시며 열매를 맺으시고 놀라운 일을 행하실 것입니다.

예수님을 바라보는 것이야말로 그리스도인의 모든 삶의 대답이 됩니다.

"예수님을 바라봅시다!"

앤드류 머레이 시리즈

순종 *The School of Obedience*
김문학 옮김/ 46판/ 144면

본서는 성경에서의 순종의 위치, 그리스도의 순종, 참된 순종의 비결 등을 다룸으로 순종하는 생활의 영적 특성과 그 절대적인 필요성 그리고 실제적인 가능성을 중요한 요점으로 간략하게 종합한다.

겸손 *Humility*
강철성 옮김/ 46판/ 152면

본서는 겸손이야말로 우리의 진정한 고결함이라는 사실과 모든 사람의 종이 되는 것이 하나님의 형상으로 창조된 우리의 운명을 가장 고귀하게 성취하는 것이라는 사실을 깨닫게 한다.

헌신 *Absolute Surrender*
이용태 옮김/ 46판/ 184면

본서는 현대교회가 가장 시급히 해야 할 일은 온전한 헌신임을 잘 설명해 주고 있다. 하나님의 일꾼은 재능이 있고 똑똑한, 소위 사회적 지위와 명성을 가진 자가 아니라 전적으로 헌신하는 자임을 도전한다.

하나님의 치유 *Divine Healing*
장진욱 옮김/ 46판/ 304면

본서는 머레이 자신의 경험을 통해 성경이 질병에 대해 어떻게 말하고 있으며 우리가 그리스도 안에서 이 하나님의 치유를 얻기 위해 무엇을 해야 하는지 설명해 준다.

Andrew Murrey

예수님을 바라보라 We Would See Jesus

1983년 12월 25일 초판 발행
2011년 11월 15일 새번역판 1쇄

지은이 로이 헷숀
옮긴이 김영욱

펴낸곳 사)기독교문서선교회
등 록 제16-25호(1980. 1. 18)
주 소 서울시 서초구 방배3동 983-2
전 화 02) 586-8761~3(본사) 031) 923-8762~3(영업부)
팩 스 02) 523-0131(본사) 031) 923-8761(영업부)
www.clcbook.com
clckor@gmail.com
온라인 국민은행 043-01-0379-646, 기업은행 073-000308-04-020
예금주: 사)기독교문서선교회

ISBN 978-89-341-1167-2(03230)

낙장·파본은 교환해 드립니다.